MAGASIN THÉATRAL.

CHOIX DE PIÈCES NOUVELLES,

JOUÉES SUR TOUS LES THÉATRES DE PARIS.

THÉATRE BEAUMARCHAIS.

LE SOLEIL DE MA BRETAGNE,

Drame-Vaudeville en trois actes.

PARIS.

MARCHANT, ÉDITEUR

Boulevart Saint-Martin, 12.

BRUXELLES.

TARRIDE, LIBRAIRE, PASSAGE DE LA COMÉDIE.

L'Homme du siècle, dr. h. 4 a.	40
La Visite domiciliaire, dr. 1 a.	30
Le Royaume des Femmes, f. 1 a.	30
Le Sauveur, com. 3 a.	40
Les Faussaires anglais, m. 3 a.	30
Le Magasin pittoresque, r.	30
Le Serf et le Boyard, mél. 3 a.	30
Le Château d'Urtuby, o.-c. 1 a.	30
L'Amitié d'une jeune fille, m.	40
Je serai Comédien, c. 1 a.	30
Le Fils de Ninon, dr. 3 a.	40
Le Prix de vertu, c.-v. 5 tabl.	30
Le Curé Mérino, dr. 5 a.	50
Le Mari d'une Muse, c.-v. 1 a.	30
Flore et Zéphire, f.-v. 1 a.	30
Le Domino rose, vaud. 2 a.	30
La Chambre de ma femme, c.	30
Les 4 Ages du Palais-Royal.	40
Juliette, dr. 3 a.	40
Une Dame de l'empire, c.-v. 1 a.	30
La Paysanne demoiselle, v. 4 a.	40
Un Soufflet, com.-vaud. 1 a.	30
Les Liaisons dangereuses, dr.	40
Le Doigt de Dieu, dr. 1 a.	30
La Fille du Cocher, vaud. 1 a.	30
Théophile, c.-v. 1 a.	30
L'Oraison de St-Julien, c.-v.	30
La Vénitienne, dr. 5 a.	50
L'honneur dans le crime, dr.	50
Un bal de domestiques, v.	30
Les Charmettes, com.	30
Pécherel l'empailleur, v.	30
L'Aiguillette bleue, v.-hist.	30
Les Mal-Contents de 1579, dr.	50
Une Chanson, dr.-v.	30
Le Dernier de la famille, c.-v.	30
L'Apprenti, vaud. 1 a.	30
Le Triolet bleu, c.-v.	40
Salvoisy, com. 2 a.	40
Une Aventure sous Charles IX.	40
Lestocq, op.-c. 4 a.	50
Turiaf-le-Pendu, v. 1 a.	30
Artiste et Artisan, c.-v.	30
L'Aspirant de Marine, op.-c.	30
Un Ménage d'ouvriers, c.-v.	30
L'Interprète, c.-v. 1 a.	30
Un Enfant, dr. 4 a.	40
Le Capitaine Roland, c.-v.	30
La Tour de Babel, rev. ép.	30
La Nappe et le Torchon, c.-v.	40
Les Duels, com.-v. 2 a.	40
Vingt ans plus tard, v.	30
L'Angélus, op.-com. 1 a.	30
Un Secret de Famille, dr.	40
Les Dres Scènes de la Fronde.	30
La Robe déchirée, c.-v.	30
Le Commis et la Grisette, v.	30
Lionel ou mon avenir.	40
Heureuse comme une princesse	40
La Cinquantaine, com.-v.	30
Prêtez-moi 5 francs, mél.	40
Un Caprice de femme, op.-c.	30
L'Impératrice et la Juive, dr.	50
Le Capitaine de vaisseau, v.	40
Les Sept péchés capitaux, v.	30
Le Juif errant, dr. fant.	50
2 femmes contre 1 homme.	30
Le Septuagénaire, dr. 4 a.	40
Gribouille, extravagance.	40
La Frontière de Savoie, v.	30
Les Deux Borgnes, fol.-v.	30
La Toque bleue, v. 1 a.	30
Charles III ou l'Inquisition.	40
Deux de moins, c.-v.	30
Jacquemin, roi de France, c.-v.	40
Les Immoralités, com. 1 a.	30
La Lectrice, vaud. 2 a.	40
Le Comte de St-Germain.	40
L'École des ivrognes.	30
Les Bons Maris, com.-v.	40
La Famille Moronval, dr. 5 a.	50
Marin, dr. 5 a.	50
La Tempête, fol.-v. 1 a.	30
Mon ami Grandet, vaud.	40
Le Juif errant, v. 5 a.	40
La Filature, v. 3 a.	40
Le Marchand forain, op.-c.	40
L'Idiote, com.-v.	30
Les Tours Notre-Dame, v.	30
Le Mari de la Favorite, c.	50
Lord Byron à Venise, com.	40
La vie de Napoléon, sc. épis.	30
La Vieille Fille, com.-v.	30
Latude, mél. hist. 5 a.	50
Georgette, vaud.	30
Le Fer l'Évêque, vaud.	40
Le Ramoneur, vaud.	30
La Sentinelle perdue.	30
Au rideau! vaud.	30
Un de plus, com.-v. 3 a.	40
L'Ambitieux, com. 5 a.	50
Le Procès du mar. Ney, 4 a.	30
Une Passion, v. 1 a.	30
Antony, d. 4 a. par A. Dumas.	50
Mari de la Veuve, A. Dumas.	30
Atar-Gull, mél. 4 a.	40
Gilette de Narbonne, v. 3 a.	40
Les Enfans d'Édouard, trag.	40
Mme d'Egmont, com. 3 a.	40
Catherine Howart, dr.	50
La Prima Dona, v. 1 a.	40
Être aimé ou mourir, c.-v.	30
Une Mère, dr. 2 a.	40
Charles VII, par Al. Dumas.	50
Mademoiselle Marguerite.	30
Étienne et Robert, v.	30
Bouffon du Prince, 2 a.	40
La Consigne, com.-v. 1 a.	30
Marino Faliero, tr. 5 a. par C. Delavigne.	50
Napoléon, par Alex. Dumas.	50
Charlotte, dr. 3 a.	40
Les Enragés, tab. villageois.	30
Angèle, d. 5 a. par Al. Dumas.	50
L'homme du monde, dr. 5 a.	50
Les Roués, v. 3 a.	40
Thérésa, d. 5 a. par A. Dumas.	50
Le Conseil de révision, v. 4 a.	40
La Chambre Ardente, d. 5 a.	50
Cotillon III, c.-v. 1 a.	30
Le Moine, dr. 4 a.	40
Reine, Cardinal et Page, v.	30
Jours gras sous Charles IX,	40
Père et Parrain, v. 2 a.	40
Jeanne Vaubernier, c. 3 a.	40
Les Deux divorces, c.-v. 1 a.	30
Indiana, dr. 5 parties.	50
Frétillon, vaud. 5 a.	50
La Femme qu'on n'aime plus.	30
1834 et 1835, rev. épis.	30
Le Tapissier, com. 3 a.	40
La Fille de l'Avare, v. 2 a.	40
L'Autorité dans l'embarras.	30
Dolly, dr. 3 a.	40
Les Chauffeurs, mél. 3 a.	30
Les Deux Nourrices, v. 1 a.	40
Les Pages de Bassompierre.	30
Au Clair de la lune, v. 3 a.	40
Farinelli, com.-hist. 3 a.	30
La Nonne sanglante, dr. 5 a.	40
Marmitons et Gds Seigneurs.	50
La Marquise, op.-com. 1 a.	40
Fich-Tong-Kang, v. 1 a.	40
Les Gants jaunes, v. 1 a.	30
Mon ami Polyte, v. 1 a.	30
Le Cheval de bronze, o.-c. 3 a.	40
Les Beignets à la Cour, c. 1 a.	30
Le Père Goriot, v. 2 a.	40
Fleurette, dr. 3 a.	40
Anacharsis, v. 1 a.	30
La Traite des Noirs, dr.	50
Manette, com.-v. 1 a.	40
Karl, dr. 4 a.	40
La Croix d'or, c.-v. 2 a.	40
Un Père, mél. 3 a.	40
Le Vendu, tabl. pop. 1 a.	30
Jeanne de Flandre, mél.	40
L'If de Croissey, c.-v.	40
Une Chaumière et son Cœur.	40
Cornaro, parodie d'Angelo.	40
Une Camarade de Pension, 3 a.	40
Cromwell, dr. 5 a.	50
Marais-Pontins, v. 2 a.	30
Mathilde, com. 3 a.	40
Ombre du Mari, v. 2 a.	30
Amours de Faublas, bal. 3 a.	30
Porte-Faix, op.-c. 3 a.	40
On ne passe pas, v. 1 a.	30
Ma Femme et mon Parapluie.	30
Micheline, op.-c. 1 a.	30
Le Violon de l'Opéra, 1 a.	30
La Prova d'un opéra seria. 1 a.	30
Alda, op.-c. 1 a.	30
Jacques II, dr. 4 a.	40
Mon Bonnet de nuit, v.	30
Fille mal élevée, c.-v. 2 a.	40
La Berline de l'Émigré, d. 5 a.	50
Un de ses Frères, v.	30
Les deux Reines, op.-c.	30
La Mère et la Fiancée.	40
Le Curé de Champaubert, v.	40
L'Habit ne fait pas le moine.	40
Marguerite de Quélus, d. 3 a.	40
Les Mineurs, mél. 3 a.	40
L'Agnès de Belleville, 3 a.	40
Plus de jeudi, v. 2 a.	30
Les Créoles, en 2 actes.	40
Pauvre Jacques, c.-v. 1 a.	30
Un Roi en vacances, v. 3 a.	40
Madelon Friquet, v. 2 a.	40
L'Aumônier du régiment, 1 a.	40
L'Octogénaire, c.-v. 1 a.	30
Chérubin, c.-v. 2 a.	30
Cosimo, opéra-bouffon, 2 a.	40
Testament de Piron, v. 1 a.	30
La Périchole, v. 1 a.	30
Un Mariage sous l'empire, v. 2 a	40
La Pensionnaire mariée, c.-v.	40
Le Jugement de Salomon, 1 a.	30
Le Mariage raisonnable, 1 a.	30
La Tirelire, com.-v. 1 a.	40
Les Bédouins en voyage.	30
La Femme qui se venge, v.	30
La Tache de sang, dr. 3 a.	40
Toniotto, dr. 3 a.	40
La Savonette impériale, v.	40
André, vaud. 2 a.	40
En attendant, c.-v. 2 a.	40
La Femme du peuple, tabl.	50
Zazezizozu, féerie en 4 a.	40
La Fille de Cromwell, v.	30
Jean-Jean, parod. en 5 pièc.	50
La Sonnette de nuit, c.-v. 1 a.	40
Une loi anglaise, c.-v. 2 a.	40
Le Mémoire d'un père, 1 a.	30
La Fiole de Cagliostro, v.	40
Paris dans la Comète, revue.	30
Infidélités de Lisette, v. 3 a.	40
Aurélie, drame en 4 a.	40
Valentine, dr.-vaud. 2 a.	40
Coquelicot, vaud. 3 a.	40
Plus de loterie, vaud. 1 a.	30
Pensionnat de Montereau.	30
Elle n'est plus, vaud. 1 a.	30
Actéon, par M. Scribe.	30
La Folle, dr. 3 a.	40
Le Gamin de Paris, c.-v. 2 a.	40
Le Transfuge, dr. 3 a.	40
Sous la Ligne, vaud. 1 a.	30
Madeleine, com.-v. 2 a.	40
M. et Madame Galochard.	30
Les Chansons de Désaugiers.	50
La Fille de la Favorite, 3 a.	40
Art de ne pas payer son terme.	30
Coliche, com.-vaud. 1 a.	30
Clémentine, com.-vaud. 1 a.	30
Gil-Blas, vaud. 3 a.	40
Jérusalem délivrée.	50
Le Prévôt de Paris, mél. 3 a.	40
Renaudin de Caen, c.-v. 2 a.	40
Chut! 2 actes, par Scribe.	40
Héloïse et Abeilard, dr. 5 a.	50
La Laide, dr. 3 a.	40
L'Enfant du Faubourg, v. 3 a.	40
L'Ingénieur, dr. 3 a.	40
Changée en nourrice, v. 2 a.	40
Les Chaperons blancs, op.-c.	40
La Marq. de Pretintaille, v. 1 a.	30
Sarah, op.-c. 2 a.	30
Sur le Pavé, v. 1 a.	30
Don Juan de Marana, m. 3 a.	50
Une St-Barthélemy, v. 1 a.	30
La Liste des notables, v. 2 a.	40
La Reine d'un jour, v. 2 a.	40
Le Démon de la Nuit, v. 2 a.	40
Un Procès criminel, c. 3 a.	50
Le Portrait du Diable, v. 1 a.	30
Mariana, com.-v. 3 a.	40
Le comte de Horn, dr. 3 a.	40
Un Bal du grand monde, v. 1 a.	30
L'Oiseau bleu, v. 3 a.	40
Le Barbier du roi d'Aragon, 3.	40
Balthazar, v. 1 a.	30
Amazampo, dr. 4 a. et 6 tab.	50
La D. de la Vauballière, d. 5 a.	50
Le Luthier de Vienne, op.-c.	30
Les Misères d'un Timballier.	30
Le C. des Informations, v. 1 a.	30
Casanova, v. 3 a.	40
Georgine, com.-v. 1 a.	30
Mistress Siddons, c.-v. 2 a.	40
Tout ou Rien, dr. 3 a.	40
Lesctocq, v. 1 a.	30
Madame Péterhoff, v. 1 a.	30
D'Aubigné, v. 2 a.	40
Christiern, mél. 3 a.	40
Kean, dr. 5 a. par A. Dumas.	50
Le Diadesté, op.-c. 2 a.	40
Arriver à propos, v. 1 a.	30
Le Frère de Piron, v. 1 a.	30
Le Roi malgré lui, v. 2 a.	40
Le Puits de Champvert, d. 3 a.	30
Le Diable amoureux, v. 1 a.	30
Le Passé, v. 1 a.	30
Nabuchodonosor, dr. 4 a.	40
Sir Hugues, par Scribe, dr.	40
Marie, par Mme Ancelot.	40
Pierre le Rouge, c.-v. 3 a.	40
L'Homéopathie, c.-v. 1 a.	30
Théodore, vaud. 1 a.	30
L'Épée de mon Père, v. 1 a.	30
La Femme de l'Épicier, v. 1 a.	30
Dolorès, mélodrame 3 actes.	40
Un Cœur de mère, c.-v. 2 a.	40
Jaffier, dr. 5 a.	50
Les Pontons de Cadix, 1 a.	30
Les deux Coupables, v. 1 a.	30
M[illegible]n Carmélite, v. 1 a.	30
Le Muet d'Ingouville, c.-v. 2 a.	40
El Gitano, mél. 5 a.	50
Léon, drame en cinq actes.	50
Fils d'un agent de change, 1 a.	30
Le Comte de Charolais, 3 a.	40
Le Mari de la Dame de chœurs.	40
Valérie mariée, dr. 3 a.	40
Roquelaure, vaud. 4 a.	50
Madame Favart, com. 3 a.	40
L'Ambassadrice, op.-c. 3 a.	40
L'Année sur la Sellette, r. 1 a.	30
Le Secret de mon Oncle, v. 1 a.	30
La Nouvelle Héloïse, dr. 3 a.	40
Gaspardo, par M. Bouchardy.	50
Le Postillon de Lonjumeau.	40
La Chevalière d'Éon, v. 3 a.	40
Austerlitz, évén. hist. 3 a.	40
Le Muet de St-Malo, v. 1 a.	30
Stradella, com. 1 a.	30
La Laitière et les 2 Chasseurs.	30
Riche et Pauvre, dr. 5 a.	50
La Champmeslé, c.-anec. 2 a.	40
Huit ans de plus, mél. 3 a.	40
Père et Fils, vaud. 1 a.	30
Les Sept Infans de Lara, d. 5 a.	50
Michel, com.-vaud. 2 a.	40
Paraviédès, dr. 3 a.	40
Le Portefeuille ou 2 Familles.	50
Riquiqui, com.-vaud. 3 a.	40
Un Grand Orateur, c.-v. 1 a.	30
Trop Heureuse, c.-v. 1 a.	30
La Vieillesse d'un grand Roi.	40
L'Étudiant et la Grande Dame.	40
La Comtesse du Tonneau, v. 2 a.	40
Le Paysan des Alpes, dr. 5 a.	50
Folly, com.-vaud. 3 a.	40
Le Bouquet de bal, c. 1 a.	30
La Vendéenne, c.-v. 2 a.	40
L'honneur de ma mère, d. 3 a.	50
Eulalie Granger, dr. 5 a.	50
Schubry, c.-v. 1 a.	30
Julie, com. 5 a.	50
L'Ange gardien, dr.-v. 3 a.	40
Miel et Vinaigre, c.-v. 1 a.	30
Paul et Pauline, c.-v. 2 a.	40
Femme et Maîtresse, c.-v. 1 a.	30
Jeanne de Naples, dr. 5 a.	50
Le Gars, dr. 5 a.	50
Un Chef-d'Œuvre inconnu.	40
Vouloir c'est pouvoir, c.-v. 2 a.	40
Mina, com.-vaud. 2 a.	40

ACTE I, SCÈNE X.

LE SOLEIL DE MA BRETAGNE,

DRAME-VAUDEVILLE EN TROIS ACTES,

PAR MM. MAURICE ALHOY ET CLAIRVILLE, (Louis-François Nicolaïe, dit)

REPRÉSENTÉ POUR LA PREMIÈRE FOIS, A PARIS, SUR LE THÉATRE BEAUMARCHAIS, LE 2 AVRIL 1843.

PERSONNAGES.	*ACTEURS.*	*PERSONNAGES.*	*ACTEURS.*
Le comte DE FLORAC	M. HAMEL.	LOUISETTE	Mlle SCRIWANEK.
ÉTIENNE	M. GODIN.	TONTON	Mlle ANAÏS.
ÉLOI	M. PELVILAIN.	ZAIDA	Mlle CHAPUIS.
LE BAILLI	M. AMÉDÉE.	NELLORA	Mlle M.-DENANS.
FRANÇOIS	M. JULES.	FATMÉ	Mme MELVILLE.
		ZULEMA	Mlle ROSINE.

La scène se passe en Bretagne, sous Louis XV.

ACTE PREMIER.

Le théâtre représente un site pittoresque de village breton. A droite, une maison, quelques huttes de pêcheurs. Un bateau pavoisé est amarré à la gauche du spectateur. Au quatrième plan, au fond, la rivière, et à l'horizon, une montagne avec un soleil levant.

SCÈNE PREMIÈRE.

PÊCHEURS, *ensuite* ÉLOI *et* TONTON.

Au lever du rideau, tous les pêcheurs sont occupés au fond du théâtre, au bateau qu'ils préparent pour la cérémonie

CHŒUR.

AIR : *L'heure s'avance* (de l'Abbé galant).

C'est jour de fête,
Et le baptême qui s'apprête
Doit, mes amis,
Faire danser tout le pays.

ÉLOI, *entrant en poursuivant Tonton.*

Mam'zelle Tonton !...

TONTON.

Laissez-moi donc !

ÉLOI.

J' veux un baiser !

TONTON.

Bernique !

1843

ÉLOI, *voulant l'embrasser.*

Je le prendrai.

TONTON, *lui donnant un soufflet.*

J' vous soufflett'rai :
Qui s'y frotte s'y pique.

REPRISE DU CHŒUR.

C'est jour de fête, etc.

TONTON. Là, je vous demande un peu si vous ne devriez pas aider vos camarades, tout préparer pour le baptême du bateau de Louisette... cela vaudrait mieux que de vouloir embrasser les jeunes filles, que de les faire enrager.

ÉLOI. D'abord, Tonton, vous n'êtes pas une jeune fille, vous êtes ma future, ensuite; je sais très-bien que ça ne vous fait pas enrager, au contraire.

TONTON. Voyez-vous ça?

ÉLOI. Et d'ailleurs, qu'est-ce que ça me fait à moi, le baptême d'un bateau? Passe encore pour la cloche de la paroisse, qu'ils ont appelée Louisette, comme la fille du père Maurice, qui lui servait de marraine... Servir de marraine à une cloche... c'était déjà passablement godiche... mais à un bateau, ça ne se comprend plus.

AIR : *Vaudeville de Favart.*

Les dimanches et les jours de fête,
Du moins la cloche appelle les élus;
On dit : J'entends sonner Louisette,
Louisette sonne l'Angélus.
Mais un bateau ne peut agir de même,
Et d'ailleurs vous m'approuverez...
Je ne crois digne du baptême
Que les enfants que vous me donnerez.

TONTON. Alors, nous n'y sommes pas.

ÉLOI. Méchante!

TONTON. Voulez-vous me laisser? ou je recommence, d'abord!

PREMIER PÊCHEUR. Voilà qui est terminé.

DEUXIÈME PÊCHEUR. J'espère que ça vous a une fameuse tournure.

ÉLOI. Le fait est que c'est joliment pavoisé.

PREMIER PÊCHEUR. Nous pouvons à présent nous rendre chez monsieur le bailli.

TONTON. Quel bonheur! on dansera toute la soirée.

ÉLOI. Et je vous retiens pour toutes les contredanses.

TONTON. Plus souvent... chacun son tour... je veux danser avec tout le village.

LES PÊCHEURS. Elle a raison.

ÉLOI. Ah! elle a raison... eh bien! moi, j'embrouillerai toutes les figures... je marcherai sur les pieds des danseurs... je ferai tomber les danseuses.

DEUXIÈME PÊCHEUR. Vilain jaloux!

ÉLOI.

AIR : *Espérance, confiance, c'est le refrain de pèlerin.*

C'est un défaut peut-être,
Mais il vaut mieux pourtant
Être jaloux que d'être...

TONTON.

Quoi donc?...

ÉLOI.

Ça se comprend.

TONTON.

L'un n'empêche pas l'autre.

ÉLOI.

Vous dites?...

TONTON.

Moi, rien.

ÉLOI.

Si.
Quel projet est le vôtre?

TONTON.

Mon projet, le voici :

(*Parlé.*) Messieurs...

Reprise.

Partez vite,
Partez de suite,
Et revenez dans un instant.
Pour la fête
Je serai prête;
Votre danseuse vous attend.

LES PÊCHEURS. Bien dit.

REPRISE EN CHŒUR.

Partons vite, etc.

Ils sortent.

SCÈNE II.

TONTON, ÉLOI.

ÉLOI. Ah! une demoiselle, inviter les garçons... ça ne s'est jamais vu.

TONTON. Raison de plus... c'est original.

ÉLOI. Tonton!

TONTON. Monsieur Éloi?

ÉLOI. Si...

TONTON. Taisez-vous!

ÉLOI. Mais...

TONTON. Silence.

ÉLOI. Je...

TONTON. Encore?

ÉLOI. Il faut...

TONTON. Vous taire.

ÉLOI. Oh! j'enrage, j'enrage!

TONTON. On vient, c'est Louisette; que je ne vous entende plus.

SCÈNE III.

LES MÊMES, LOUISETTE *.

LOUISETTE, *entrant en chantant.*

AIR :

Voici la batelière,
Venez passer la rivière.
Si le temps est contraire,
Sans crainte, voyageur,
Dans ma barque légère
On peut braver la peur,
Et les flots en fureur.
Venez dans ma nacelle,
Jamais ell' ne chancelle.
Toujours veillant sur elle,
Dieu la protégera.

ÉLOI. O Dieu! parlez-moi de mam'selle Louisette, à la bonne heure, voilà une jeune fille qui est bonne... et qui ne fait pas enrager son amoureux.

LOUISETTE. Moi, faire enrager ce pauvre Étienne... oh! ce serait bien mal. Mon père m'a confiée à lui... lui, un pêcheur, comme il était lui-même; Étienne n'est pas un freluquet, pimpant comme ces beaux messieurs de la ville, que tu admires, Tonton; aussi j'avais cru pendant bien longtemps que je l'aimerais seulement comme un frère... Oh! mais je m'aperçois enfin que c'est bien autre chose... De l'amour!... oui! de l'amour, il est si bon!

ÉLOI. Mais moi aussi, mademoiselle, je suis la crême des charpentiers du port... Je suis si bon que j'en suis...

TONTON. Bête!

ÉLOI. C'est vrai... Et quant à l'amour... j'en ai tant... que ça me rend tout...

TONTON. Bête.

ÉLOI. C'est encore vrai... et ça devrait me compter double... un homme deux fois bête... bête par bonté... et bête par amour... ça doit faire un bon mari.

LOUISETTE. Et Tonton te fait du chagrin?

ÉLOI. Est-ce qu'elle sait faire autre chose?

TONTON. D'abord, pour se marier, il faut avoir une position. Je vous demande un peu... une pêcheuse de coquillages à marée basse... épouser un charpentier du port... v'là-t-y pas un beau mariage!

ÉLOI. Vous l'entendez?

LOUISETTE. Tu es ambitieuse?

TONTON. Je ne m'en défends pas... Toutes les nuits je rêve que je suis riche, que j'ai des belles robes, des palais, des équipages.

LOUISETTE. Oh! ma pauvre Tonton, que tu es loin de me ressembler!

* Éloi, Louisette, Tonton.

AIR : *Une chanson bretonne* (de Mancini).

Gentille batelière,
Me disait un seigneur,
Si je pouvais te plaire,
Si je touchais ton cœur,
Je te ferais connaître
Le luxe et la splendeur.
Mais il eut beau promettre;
Je préfère au bonheur
De la grandeur
Le toit qui me vit naître,
Et l'amour d'un pêcheur. (*Bis.*)

Sur la roche stérile
Que souvent je gravis,
En regardant la ville,
Quelquefois je me dis :
Là-bas, là-bas peut-être,
Est un monde meilleur;
Mais dans ce lieu champêtre
Un prestige enchanteur
Parle à mon cœur
Du toit qui m'a vu naître,
De l'amour d'un pêcheur. (*Bis.*)

TONTON. Comment! c'est pour un pêcheur que tu as refusé...

LOUISETTE. Le comte de Florac, le seigneur du village voisin. Songes-y donc! Étienne, ce brave Étienne est mon fiancé; il a ma parole et je veux la tenir.

ÉLOI. Bravo! voilà une femme comme on n'en voit guère.

TONTON. Une femme, comme on n'en voit pas... Je ne connais pas le comte de Florac, moi, mais il doit être très-bien... un grand seigneur... et à ta place...

ÉLOI. Eh bien! à sa place?

TONTON. J'aurais accepté, donc!

ÉLOI. Accepté... c'est-à-dire que c'est à faire frémir la nature.

LOUISETTE. Plus riche est-on plus heureux? Et tiens! ne te rappelles-tu pas, dis-moi, qu'il y a un an, tu as voulu absolument me mener consulter avec toi la vieille mère Tobie?

ÉLOI. La diseuse de bonne aventure?

LOUISETTE. Certainement, celle à qui tout le monde croit dans le pays.

TONTON. Et tout le monde a raison : la sorcière ne s'est jamais trompée dans ses oracles... à telles enseignes qu'elle a prédit à Jean Claude, le vigneron, qu'il lui viendrait un héritage... Ça n'a pas manqué... une rente de 7 livres 10 sous.

ÉLOI. Et à moi, elle m'a prédit que dans mon ménage il m'arriverait des choses que je ne puis pas dire.

TONTON. Soyez tranquille, ça ne vous manquera pas... La sorcière a toujours raison.

ÉLOI. Enfin, qu'est-ce qu'elle vous a prédit à toutes les deux?

LOUISETTE. Des sottises.

TONTON. Des vérités... d'abord, que nous serions enlevées.

ÉLOI. Enlevées!

TONTON. Et que nous étions appelées, par suite de cet enlèvement, à la plus haute, la plus brillante fortune.

LOUISETTE. Que je deviendrais la reine d'un grand pays.

ÉLOI. Ah! bah!

TONTON. Et que je serais la favorite de sa majesté.

ÉLOI. Une reine! une favorite! Ah ben! ah ben! ah ben! en v'là une sévère.

LOUISETTE. Depuis cette époque tu ne rêves qu'à cela, ma pauvre Tonton; mais moi, moi, j'en ris, et je serais bien fâchée, je crois, de voir s'accomplir un pareil oracle... Mon pays, mon père, l'amour de mon fiancé, v'là tout mon bonheur, toute ma joie, toute mon ambition.

UN PAYSAN, *entrant.* Mam'selle Louisette, mam'selle Louisette, à votre bateau.

TONTON, *regardant au fond.* Tiens, c'est le recruteur de marine... Ah! Dieu! qu'il est bel homme!

ÉLOI. Elle l'admire, elle l'admire devant moi.

TONTON. Mais va donc, Louisette.

LOUISETTE. Ma foi, non; j'attends Étienne!

TONTON. Mais le militaire attend ton bateau!

LOUISETTE. Qu'il attende.

TONTON. Ah! ce serait dommage; je m'en vais le passer.

ÉLOI. Sans ma permission?

TONTON. Je m'en passe... Je vais le passer.

Elle sort en courant.

ÉLOI. Mam'selle Tonton! mam'selle Tonton! Que le diable emporte l'oracle de la mère Tobie!

Il sort en courant après elle.

SCÈNE IV.

LOUISETTE, *seule, regardant partir Tonton.*

Ah bien! oui, me déranger pour aller passer ce militaire, quand Étienne, l'ami de mon père, mon prétendu va venir... On a un cœur avant d'avoir un bateau... Ah!... c'est lui... c'est Étienne.

SCENE V.

LOUISETTE, ÉTIENNE.

ÉTIENNE. Bonjour, Louisette... bonjour; j'ai une bonne nouvelle à vous annoncer.

LOUISETTE. Bien vrai... le bailli aurait consenti...

ÉTIENNE. A peu près, et cela n'a pas été sans peine; j'avais des concurrents... Parrain de votre bateau... c'était à qui de nos jeunes Bretons me disputerait cet honneur, et cela se comprend; d'abord on donne son bras à la marraine, ensuite on donne son nom au bateau, et plus tard... quelquefois à la batelière... Le bailli hésitait; il disait que déjà j'avais été parrain de notre cloche, avec vous... que nous choisir une seconde fois serait une injustice... Mais j'ai tant prié, tant supplié... que le bailli a fini par me dire : Nous verrons.

LOUISETTE. Et quand il dit : Nous verrons, c'est bon signe.

ÉTIENNE. D'autant plus, qu'il ne voit que par les yeux de Mathurine, sa gouvernante, et que je lui ai fait cadeau du plus joli bonnet de dentelle.

LOUISETTE. Oh! la bonne idée!

ÉTIENNE. N'est-ce pas... la dentelle ça peut servir à tout... même à faire des parrains; ainsi je vais être votre compère pour la seconde fois; je vais entendre dire autour de moi, à tout le monde : Est-il heureux!... est-elle gentille!... est-elle gentille!

LOUISETTE. Ah! vous croyez que l'on dira?...

ÉTIENNE. Si je le crois... Tout le monde... jusqu'à l'écho de la rivière... ce vilain écho qui me donne des frayeurs.

LOUISETTE. Des frayeurs?

ÉTIENNE.

AIR : *En vérité, je vous le dis.*

Je maudis cet écho fatal;
Quand je vous parle mariage,
Il vous tient le même langage.
C'est un témoin, c'est un rival;
Si je vous dis en tête-à-tête :
J'aime Louisette, au bord de l'eau
L'écho redit : J'aime Louisette.
Et je suis jaloux de l'écho.

LOUISETTE.

Pauvre Étienne, de vos tourments,
Le terme n'est pas loin, j'espère,
Oui, bientôt je revois mon père,
Il vient pour bénir ses enfants.
Plus de rival, l'écho répète
Matin et soir, au bord de l'eau :
Étienne est aimé de Louisette.
Serez-vous jaloux de l'écho?...

ÉTIENNE. Mais quand viendra-t-il pour faire faire ce miracle-là, votre père?

LOUISETTE. Oh!... c'est vrai! quand viendra-t-il? savez-vous, Étienne, que je commence à être inquiète?

ÉTIENNE. Pourquoi?

LOUISETTE. Il ne devait rester à Brest que quatre jours... et toute une semaine sans recevoir de ses nouvelles.

ÉTIENNE. A Brest, il aura retrouvé de vieux amis.

LOUISETTE. Mais pourquoi nous a-t-il fait un mystère du but de son voyage?... en partant il était triste.

ÉTIENNE. C'était bien naturel... puisqu'il vous quittait.

LOUISETTE. Sans doute... mon pauvre père.

On entend à la cantonnade, les cris : *Le baptême! le baptême.* Bruit à la cantonnade.

LOUISETTE. Mais d'où viennent ces cris?

ÉTIENNE. C'est tout le village qui se rend ici!

LOUISETTE. Déjà?

ÉTIENNE. Mon cœur bat!

LOUISETTE. J'aperçois monsieur le bailli.

ÉTIENNE. Puisse-t-il m'être favorable!

SCÈNE VI.

LES MÊMES, LE BAILLI, PÊCHEURS, FEMMES DE PÊCHEURS, *ensuite* LE COMTE DE FLORAC, ÉLOI, TONTON.

CHŒUR.

AIR : *A chanter, à danser, qu'on s'apprête.* (Simplette.)

C'est un jour de plaisir et de fête,
Baptisons le bateau de Louisette,
Et mettons la marraine en goguette,
Grâce au vin (*Bis.*)
Du parrain.
Mais le nom du parrain, vite, il faut qu'on le donne.

LE BAILLI.

Je n'en sais rien encor. De grâce, finissez.

LES PÊCHEURS.

Vive monsieur le bailli!

LE BAILLI.

Taisez-vous, je l'ordonne,
J'ai besoin d'éloquence, et vous m'étourdissez.

REPRISE.

C'est un jour, etc.

LE BAILLI. Ah! c'est ainsi... vous ne voulez pas m'écouter... eh bien! je ne vous dirai pas le superbe discours que j'avais improvisé pour la circonstance.

LES PÊCHEURS. Ah! monsieur le bailli!

LE BAILLI. Prière inutile... (*A part.*) Ça se trouve bien; je n'en savais pas un mot.

TONTON, *entrant.* Par ici, monsieur le recruteur, par ici!

TOUS. Le recruteur!

FLORAC, *sous le costume d'un sergent recruteur et embrassant Tonton* *. Merci, la belle enfant!

ÉLOI. Encore!... c'est la septième fois qu'il l'embrasse; ce n'est pas un recruteur, c'est un embrasseur.

LE BAILLI, *regardant le Comte.* Que vois-je? est-il possible!

FLORAC, *à part.* Silence, bailli. (*Aux jeunes gens.*) Eh bien! les enfants, je viens chercher des braves... Trouverai-je ici des marins pour sa majesté?

LOUISETTE, *à part.* Mais, je ne me trompe pas... cette figure... C'est celle du comte de Florac.

FLORAC. De la gloire, jeunes gens, de la gloire, et cinquante écus, voilà ce que je viens offrir aux défenseurs de la patrie.

LOUISETTE. Pourquoi ce déguisement?

TONTON. Ah! monsieur le recruteur, j'en ai un de brave à vous proposer.

ÉLOI. Est-ce qu'elle voudrait se faire mousse?

FLORAC. Où est-il, ce brave?

TONTON, *montrant Eloi, et le poussant près de Florac.* Le voici!

ÉLOI. Moi!... je m'en défends.

AIR : *Je fais la table et la chanson* (les Chevilles).

J'ai peur de n'être jamais brave,
Attendu que j'eus toujours peur.
J'ai peur quand j' descends à la cave,
Quand je monte au grenier j'ai peur.
De toutes ces peurs je m'honore;
Tout petit j'avais déjà peur;
Et maintenant j'ai peur encore,
J'ai grand peur d'avoir toujours peur.

FLORAC. Bah! bah! on se forme à l'armée!

ÉLOI. Dites plutôt qu'on s'y déforme.

FLORAC. Poltron!

LOUISETTE. Mais, monsieur le bailli, le baptême.

FLORAC, *à part.* C'est elle!

TOUS. Oui, oui, le baptême!

LE BAILLI. Après avoir mûrement réfléchi... après avoir examiné les titres des concurrents, nous avons décidé que le parrain du bateau de Louisette serait...

FLORAC. Moi.

TOUS. Le recruteur!

LE BAILLI, *s'inclinant.* Eh quoi! vous nous ferez cet...

FLORAC. Taisez-vous!

ÉTIENNE. Mais, monsieur le bailli...

LE BAILLI. Silence!

LOUISETTE. Pauvre Etienne!

LE BAILLI. Quant à la marraine du bateau, les autorités du pays... ont fait choix...

FLORAC, *allant prendre la main de Louisette.* Ont fait choix de la charmante Louisette.

ÉTIENNE. Louisette!

LE BAILLI. Ah!...

TONTON. A-t-elle du bonheur!

ÉLOI. Ce n'est pas vous... c'est bien fait!

LOUISETTE. Mais... je ne sais si je dois...

FLORAC. Vous ne pouvez vous en défendre,

* Étienne, le Bailli, Florac, Tonton, Éloi, Louisette.

c'est le choix des autorités... n'est-ce pas bailli?

LE BAILLI. Certainement... certainement... (*A part.*) Ah ça, quel rôle me fait-on jouer... quel rôle joue-je?

ÉTIENNE, *à part.* Oh! c'est trop fort, et je ne souffrirai pas. (*Passant au milieu.*) Monsieur le bailli, Louisette est ma fiancée... en l'absence de son père, je dois veiller sur elle... et je ne puis consentir...

LE BAILLI. Hein! plaît-il? qu'est-ce à dire?

FLORAC. Bailli, faites-nous justice des prétentions de cet homme.

ÉTIENNE, *voulant s'emparer de Louisette.* Louisette, au nom de votre père...

FLORAC, *repoussant Etienne.* Arrière, camarade, arrière!

ÉTIENNE, *voulant s'élancer sur Florac.* Misérable!

LE BAILLI, *l'arrêtant.* Au nom de la loi, pas un mot de plus; une rébellion devant moi, en ma présence!... que cela ne recommence plus, ou sinon... Que tout le monde se rende au bailliage; nous allons y dresser le programme de la cérémonie, qui aura lieu dans une heure, et comme les autorités l'ont voulu.

AIR : *Adieu, de vous revoir* (Bas-bleu).

Qu'on ne raisonne plus,
Les discours seraient superflus.
Tout doit céder ici
A l'autorité du bailli.

TOUS.

Qu'on ne raisonne plus, etc.

FLORAC.

Prenez mon bras, ma charmante commère.

ÉTIENNE.

Ah! c'en est trop!

LOUISETTE, *à part.*

Mon Dieu! que dois-je faire?...

LE BAILLI.

Obéissez.

LOUISETTE.

Tous deux nous étions fiancés.

ÉTIENNE.

Mais c'est affreux.

LOUISETTE.

Monsieur le Bailli...

LE BAILLI.

Je le veux.

REPRISE DU CHŒUR.

Qu'on ne raisonne plus, etc.

Tous remontent la scène.

TONTON, *revenant à Etienne.* A propos, monsieur Etienne, une lettre qu'on m'a donnée pour vous et que j'oubliais.

ÉTIENNE. Une lettre...

TONTON. Oui, un paysan, tout à l'heure sur l'autre rive; il m'a dit de ne la remettre qu'à vous seul.

LE BAILLI. Partons.

REPRISE.

Qu'on ne raisonne plus, etc.

Ils sortent en chantant

SCENE VII.

ETIENNE, *seul. Ensuite* FRANÇOIS.

ÉTIENNE, *sans ouvrir la lettre qu'on vient de lui donner et la froissant avec rage.* Louisette, ma fiancée... arrachée de mes bras... aux yeux de tout le village! et je subirais patiemment un tel affront!... Non, non!... cela ne sera pas. (*Apercevant un paysan qui traverse le théâtre.*) François!

FRANÇOIS. Vous m'appelez, M. Etienne?

ÉTIENNE. Est-ce que tu te rends au bailliage?

FRANÇOIS. Oui.

ÉTIENNE. Veux-tu me rendre un service?

FRANÇOIS. Volontiers.

ÉTIENNE. Tu trouveras chez le bailli un recruteur de marine, qui vient d'être nommé parrain du bateau; tâche de voir cet homme, de lui parler bas, et dis-lui que je l'attends ici... qu'il vienne... il le faut... Oui, s'il a du cœur, qu'il vienne me trouver à l'instant.

FRANÇOIS. C'est tout?

ÉTIENNE. Oui!

FRANÇOIS. Ça n'est pas difficile, je vais vous l'envoyer.

ÉTIENNE. Qu'il vienne!... et nous verrons si l'autorité du bailli pourra le mettre à l'abri de ma colère, de ma vengeance. (*Jetant les yeux sur la lettre qu'il froissait.*) Mais j'oubliais... cette lettre, qui peut me l'écrire?... (*L'ouvrant, et regardant la signature.*) Ah! Maurice, le père de Louisette. (*Lisant.*) « Mon fils, » il m'appelle son fils, « à mon arrivée à Brest, où je m'étais rendu » pour quelques affaires, j'ai été arrêté pour » une dette de trois cents livres. » Arrêté! juste ciel! (*Continuant.*) « Mon créancier » est inexorable..... il faudra donc que je » meure en prison; cache avec soin cette af- » freuse nouvelle à ma fille... qui, ne pouvant » rien pour moi, ne saurait survivre au coup » qui me frappe, et veille toujours, je t'en » supplie au nom de l'honneur et de notre » ancienne amitié, sur l'enfant qui doit être » ta compagne... Maurice. » Oh! il a raison... Louisette en mourrait... et pourtant comment lui laisser ignorer... Mon Dieu! quel affreux malheur! impossible de venir à son secours... mes amis sont de pauvres pêcheurs comme moi... vivant au jour le jour... Chez moi, rien... Où trouver une somme pareille? trois cents livres, mon Dieu! trois cents livres!... oh! c'est pour en devenir fou... Le recruteur!

SCÈNE VIII.

ETIENNE, LE COMTE DE FLORAC *.

FLORAC, *au fond.* Ah! ah! le fiancé me fait demander à l'instant même.

ÉTIENNE, *à part.* Le recruteur... mais je l'ai fait appeler pour me battre avec lui; et maintenant, maintenant j'ai bien d'autres idées en tête... Trois cents livres.

FLORAC. Que veut-il donc? un duel... et pourquoi pas?... si le cœur lui en dit.

ÉTIENNE. Mais j'y songe; peut-être... oui, l'offre qu'il a fait ce matin?... Mais ce n'était que cent cinquante livres qu'il proposait?

FLORAC, *le regardant parler seul, et marchant avec agitation.* Qu'a-t-il donc? est-ce qu'il est fou? (*Haut.*) Eh! l'ami, c'est vous qui m'avez fait appeler... à quel propos?

ÉTIENNE. Oui... je voulais... je pensais vous demander raison de... Mais ce n'est plus ça maintenant... je ne sais quelle révolution s'est opérée en moi.

FLORAC. Je vais vous le dire, camarade! En mon absence, vous vous êtes monté la tête... Il vous fallait ma vie, et maintenant que le danger approche, que je suis devant vous... le cœur vous manque.

ÉTIENNE, *avec mépris.* Monsieur...

FLORAC. Me suis-je trompé? c'est possible; mais alors que me voulez-vous?

ÉTIENNE. Ce que je veux? Vous êtes recruteur, n'est-ce pas?

FLORAC. Sans doute.

ÉTIENNE. Et vous êtes chargé de donner cent cinquante livres à ceux que vous enrôlez dans la marine royale?

FLORAC. Mais les hommes sont hors de prix... j'ai eu beau faire, je n'ai décidé personne.

ÉTIENNE. Je connais un habitant de ce hameau qui s'enrôlerait volontiers.

FLORAC. Son nom?

ÉTIENNE. La marine n'aurait pas un sujet plus dévoué, plus disposé à donner sa vie pour l'honneur de son pavillon.

FLORAC. De tels hommes sont rares!

ÉTIENNE. Aussi l'homme dont je vous parle ne se contenterait-il pas d'une somme de cent cinquante livres.

FLORAC, *à part.* S'agirait-il de lui? bravo! j'aime encore mieux ça pour m'en débarrasser... (*Haut.*) Mais encore qu'elles seraient ses prétentions?

* Le Comte, Etienne.

ÉTIENNE. Le double!... trois cents livres.

FLORAC. Peste! la somme est considérable, et je ne pourrais sans voir cet homme, qui s'estime le double de tous les autres.

ÉTIENNE. Cet homme est devant vous!

FLORAC, *à part.* J'en étais sûr. (*Haut.*) En vérité?

ÉTIENNE. Et prêt à signer son engagement.

FLORAC. Vous partiriez à l'instant même?

ÉTIENNE. A l'instant même!

FLORAC. Et votre fiancée?

ÉTIENNE. Oh! ne me parlez pas d'elle... ne réveillez aucun souvenir dans mon cœur; répondez par un seul mot... voulez-vous de moi pour trois cents livres?

FLORAC, *tirant un papier et une bourse.* Signez, et je paye comptant...

Étienne s'empare de l'Engagement et de la plume que lui présente le Comte, et il signe sur un tonneau.

FLORAC, *à part.* Bravo! je suis un peu plus que sergent; j'ai le rang de capitaine dans la marine... et le roi me remerciera du brave soldat que je lui donne.

ENSEMBLE.

AIR *de la Savonnette impériale.*

ÉTIENNE.

Il fallait bien me vendre
Pour avoir cet argent.
Mais il ne peut comprendre
Quel est mon dévouement.

FLORAC.

Consentir à se vendre,
Et partir à l'instant!
Je ne puis rien comprendre
A cet enrôlement.

FLORAC, *à part.*

Pour mon amour quelle excellente affaire!

ÉTIENNE, *à part.*

Il faut la quitter à l'instant,
Mon départ va lui rendre son père.
Remettant l'engagement au Comte.
Voilà l'écrit...

FLORAC, *lui donnant la bourse.*

Et voilà votre argent.

REPRISE DE L'ENSEMBLE.

Le Comte sort.

SCÈNE IX.

ÉTIENNE *seul.*

Et maintenant, Étienne, il faut partir.... quitter ton pays.... Toi, toi, qui avais juré de ne pas te séparer de lui et de Louisette... il faut les fuir l'un et l'autre..... sans espérance d'avenir, sans qu'aucune guerre glorieuse te fasse désirer de changer ton repos contre la vie agitée du marin... il faut les fuir; n'ayant au cœur qu'une pensée, une seule, c'est que ce départ va renverser à tout jamais peut-être tes rêves de joie et de bonheur... Louisette... c'est elle! oh! Louisette, je ne veux pas qu'elle m'interroge.... je ne veux pas laisser soupçonner tout ce que me coûte la liberté de son père...

SCÈNE X.

LOUISETTE, ÉTIENNE.

LOUISETTE. Etienne?

ÉTIENNE, *à part.* Grand Dieu! que lui dire?

LOUISETTE. Je me suis échappée de chez monsieur le bailli; j'ai voulu vous revoir, vous dire que c'est bien malgré moi que je suis marraine de ce vilain bateau qui vous cause tant de chagrin.

ÉTIENNE. A moi?... vous vous trompez, Louisette.... vous n'avez pas d'excuse à me faire... et je ne vous en veux pas... Adieu!

LOUISETTE. Comment! adieu!... Que signifie, Étienne.... mon ami... qu'avez-vous donc? ce trouble... cette pâleur... Oh! parlez, répondez-moi. Je veux tout savoir.

ÉTIENNE. Eh bien, Louisette... je ne voulais pas vous le dire; vous n'allez plus me comprendre peut-être... et pourtant.... (*A part.*) Oui, oui, c'est cela. (*Haut.*) J'étais trop pauvre, trop obscur pour être digne de vous...

LOUISETTE. Que voulez-vous dire?

ÉTIENNE. Je veux vous dire qu'en me parlant d'honneur et de gloire, le recruteur vient de me donner des idées que je ne croyais jamais avoir... Le récit de nos combats merveilleux sur mer a exalté ma tête... J'ai rougi de n'être encore qu'un pauvre pêcheur en pensant qu'un peu de courage fait quelquefois d'un matelot un capitaine... d'un capitaine un amiral... Enfin, Louisette, je n'ai pas voulu que votre époux fût misérable, ignoré... Je suis ambitieux... et pour n'avoir pas à revenir sur ma résolution, je me suis engagé...

LOUISETTE. Engagé... vous! engagé?

ÉTIENNE. Oui, votre père va revenir pour vous protéger et vous défendre... et moi... moi, je pars...

LOUISETTE. Vous partez, Étienne... ô mon Dieu! mon Dieu! vous partez...

ÉTIENNE.

AIR *de la Bretagne.*

La mer m'attend, je vais partir demain,
Je suis Breton, j'ai vingt ans, je suis brave,
Marin français, de mon devoir esclave,
Sur l'océan je ferai mon chemin.

* Louisette, Étienne.

LOUISETTE.

Mais si tu pars, mon frère,
Ici, que vais-je faire?
Toute ma vie à moi,
Tu sais bien que c'est toi.
Ah! ne va pas loin de notre berceau,
Reste avec moi, ta sœur et ta compagne;
On est heureux à la montagne,
Et de notre Bretagne
Le soleil est si beau!...

ÉTIENNE. Louisette, ne cherche pas à m'ôter tout le courage dont j'ai besoin.

LOUISETTE. Ah! je comprends.... je devine tout à présent. Vous avez appris le déguisement du comte, son amour pour moi.... vous avez cru que je le partageais... c'est la jalousie qui vous a fait prendre cette fatale résolution...

ÉTIENNE, *étonné.* Le déguisement du comte... comment! que dites-vous?

LOUISETTE. Oui, le comte de Florac, que vous avez reconnu sans doute sous les habits du recruteur... mais je ne l'aime pas... je ne l'aimerai jamais.

ÉTIENNE. Le comte de Florac?

LOUISETTE. Et c'est bien mal à vous, monsieur, d'avoir douté de mon cœur.

ÉTIENNE, *à part.* Ah! malheureux! que viens-je d'apprendre!

LOUISETTE. Etienne, il faut aller trouver le comte... rompre ce fatal engagement...

ÉTIENNE, *à lui-même.* Le rompre! mais son père qui gémit dans un cachot... qui sans moi y mourra peut-être!

LOUISETTE. Que dites-vous?

ÉTIENNE. Je dis qu'il est trop tard, que c'est impossible, Louisette.

LOUISETTE. Impossible! ainsi vous m'abandonnez... et votre ambition est plus forte que votre amour..... Oh! c'est affreux, Étienne, et jamais je ne vous pardonnerai.

ÉTIENNE. Jamais! (*A part.*) Eh! qu'importe! avant tout, je dois sauver son père.

SCÈNE XI.

LE BAILLI, ÉTIENNE, LOUISETTE, ÉLOI, TONTON *, PÊCHEURS, ETC.

CHŒUR FINAL.

AIR *du Curé de Champaubert.*

La fête (*bis.*)
Pour nous va bientôt commencer.
C'est l' bateau de Louisette
Que l'on va baptiser.
Dieu commande aux orages,
Puisse un temps toujours beau
Préserver des naufrages
Louisette et son bateau!

LE BAILLI.

Enfin voilà donc la marraine.

* Étienne, le Bailli, Louisette, Éloi, Tonton.

A Louisette.

Qu'à vous trouver on a de peine !

A un Paysan.

Allez chercher le recruteur.

ÉTIENNE, *à part.*

Il faut, pour comble de malheur,
La laisser près du séducteur.

LOUISETTE.

Il en est temps encore,
Pour la dernière fois je t'implore.
Oui, je t'implore.

LE BAILLI.

Voici le parrain qu'on attend,
Allons, procédons au baptême.
Venez, qu'on me suive à l'instant,
Partons à l'instant même.

SCENE XII.

LES MÊMES, FLORAC.

FLORAC.

Me voici !... (*Bis.*)

ÉTIENNE.

Cette voix... c'est lui.

Il remonte la scène et se trouve devant le Comte.

FLORAC.

Le signal du départ va retentir,
Il faut, monsieur, rejoindre l'équipage.

TOUS.

Lui ! quitter le village...

LOUISETTE.

Lui, partir !

Se jetant aux genoux du Comte.

Écoutez ma prière,
N'abusez pas ainsi de son moment d'erreur.
La liberté pour le pêcheur,
Songez qu'il n'a que ce bonheur.

FLORAC.

Belle, relevez-vous, car je n'y puis rien faire.
Le capitaine a son engagement.

LOUISETTE.

Étienne, écoutez ma prière.

ÉTIENNE, *à part.*

O mon Dieu ! je songe à son père.

Haut.

Non, je veux partir maintenant.

Il met son sac sur le dos.

Désormais plus rien ne m'arrête,
Je me dois tout à mon pays.
Console-toi, pauvre Louisette ;
Adieu, mes frères, mes amis;
Adieu, ma riante campagne ;
Adieu, rivage où je vécus ;
Adieu, beau ciel de ma Bretagne;
Adieu, je ne vous verrai plus.

TOUS.

Étienne quitte la Bretagne,
Et nous ne le verrons plus.

ÉTIENNE. Adieu, Louisette, adieu !

Il s'arrache de ses bras et sort.

LOUISETTE. Étienne.

Elle s'évanouit.

ACTE DEUXIEME.

Le théâtre représente un riche palais oriental.

SCÈNE PREMIÈRE.

ZAIDA, NELLORA, FATMÉE, ZULÉMA, ET AUTRES FEMMES *du Sérail.*

Au lever du rideau les Sultanes sont couchées sur des divans.

ZAIDA. Ainsi, mesdames, c'est entendu, vous promettez de ne pas abandonner ma cause; cet état de choses ne peut durer longtemps.

TOUTES. C'est impossible !

ZAIDA. Une aventurière a usurpé, à Bagdad, le pouvoir des califes... elle s'est faite souveraine.

FATMÉE. Elle a aboli l'emploi des favorites.

NELLORA. Mais elle s'est réservé le droit de créer celui des favoris.

ZAIDA. Quand le dernier calife, le grand Abdoul-Assan, m'accorda sa haute faveur, je n'abusai jamais, vous le savez, de mes droits et de ma puissance, je n'ai eu qu'un tort, celui de protéger cette étrangère, qui, d'abord, me dépossédа de mon titre de favorite, et qui, plus tard, eut assez de puissance sur l'esprit du calife mourant pour se faire nommer souveraine de Bagdad.

FATMÉE. Tu as fait un beau chef-d'œuvre.

ZAIDA. Le marché fut bientôt conclu, je payai même sur mes épargnes... et je fis don de l'esclave française au calife.

FATMÉE. Six mois après tu étais en disgrâce, et aujourd'hui...

NELLORA. Aujourd'hui elle est reine !

ZULÉMA. Comment en est-elle venue là ? je vous le demande.

ZAIDA. Comment ? ça ne lui a rien coûté.

FATMÉE. Rien ?

ZAIDA. Cela vous étonne ? eh bien ! mesdames, c'est comme je vous le dis.

FATMÉE.

AIR *de Céline.*

Oublieux de notre tendresse,
Abdoul-Assan, notre maître et seigneur,
Nous dédaignait, mais sa hautesse
De la Française adorait la rigueur,
Quand nous perdions nos soins et notre zèle,
La vertu même, oui, notre premier bien,
L'ingrat a donné tout à celle
Qui ne lui donna jamais rien.
Hélas! il donna tout, etc.

NELLORA. Mais patience! que son premier ministre consente seulement à nous seconder...

ZAIDA. Je l'attends... il va venir, et s'il veut prendre part à la conspiration que nous avons formée contre la reine... la partie n'est pas encore perdue...

FATMÉE. Le voici!... silence!

TOUTES. Silence! silence!

SCÈNE II.

LES MÊMES, FLORAC.

ZAIDA. Eh bien! seigneur Florac, avez-vous réfléchi aux offres que je vous ai faites hier... au nom de ceux qui regrettent le passé?...

FLORAC. La position est difficile, belle Zaïda; et moi, étranger, que les hasards de la vie ont jeté sur ces bords, moi, que les caprices de la fortune ont fait ministre dans un pays dont la reine est une compatriote... je dois agir avec prudence.

FATMÉE. C'est Abdoul-Assan qui vous comble de bienfaits.

ZULÉMA. Et vous éleva au poste de son premier ministre.

NELLORA. Ne serait-ce pas lui prouver votre reconnaissance que de délivrer Bagdad du joug que la reine lui impose?

ZAIDA. Nos lois, nos coutumes, nos mœurs... elle a tout sacrifié à ses caprices.

FLORAC. Son despotisme est bien doux, et sa tyrannie consiste à vous faire vivre à la française.

FATMÉE. Si le grand Abdoul-Assan revenait à la vie, il aurait bien de la peine à reconnaître son peuple...

NELLORA. Les femmes, qui ne sortaient jadis qu'en palanquin, aujourd'hui, par ordre de la reine, montent à cheval dans les rues de Bagdad.

ZULÉMA. Par ordonnance royale, on exécute à la cour des danses jadis inconnues.

FLORAC. Le menuet, par exemple.

ZULÉMA. La bonté des califes avait permis à notre faible sexe d'avoir plusieurs époux.

ZAIDA, *soupirant.* Maintenant on ne peut plus en avoir qu'un.

NELLORA. Voilà ce qu'on gagne aux révolutions.

FLORAC. Ces mœurs me rappellent ma patrie, et puis-je faire guerre ouverte à celle qui les fait adopter?

ZAIDA. Si ces lois nous étaient imposées par un homme... par vous, je suppose, monsieur le grand vizir, peut-être les accepterions-nous plus facilement.

Elle le regarde en coulisse, et toutes les femmes en font autant.

FLORAC, *à part.* Moi, calife!.. (*Il sourit.*) Et pourquoi pas, puisque la reine de ce pays n'est autre que la petite...

ZAIDA, *à mi-voix.* La proposition mérite réflexion, n'est-ce pas.. Dans une heure la réponse...

FLORAC. Dans une heure vous la connaîtrez.

UNE FEMME *en guerrier annonce.* La reine!

Les Femmes se séparent de Florac. Entrée de Louisette en costume de reine, suivie de sa cour.

CHŒUR.

Amour et gloire à notre reine,
Riche de vertus et d'attraits!
Vive à jamais la souveraine
Qui nous comble de ses bienfaits!

SCÈNE III.

LES MÊMES, LOUISETTE, SA COUR, PLUSIEURS DAMES ET GARDES *du palais.*

LOUISETTE. Comment! aucun des ministres ne s'est rendu au conseil... ils me boudent..... mon ministre des finances ne me pardonne pas de puiser dans sa caisse pour donner des spectacles à mon peuple..... Le ministre de la justice se plaint de ce que je l'ai condamné à écouter avant de juger... Quant à vous, monsieur le ministre de la guerre, vous ne me pardonnerez pas d'avoir fondé une école musicale de trompette et de tambour... vous vous accoutumerez à tout cela... le seigneur Florac m'aidera à vous concilier... Florac, comment trouvez-vous mes gardes du corps?... les hommes ayant mis de l'hésitation dans les enrôlements, j'ai armé les femmes..... à peu près à la française. Messieurs, nous reprendrons demain le conseil... Celui des ministres qui ne sera pas exact sera condamné à deux heures de jeu de trictrac ou de jeu d'oie... Mon ministre de l'instruction publique vous dira ce que c'est... Qu'on me laisse.

REPRISE DU CHOEUR.

Amour et gloire, etc.

Sortie générale. On place des factionnaires.

SCENE IV.

FLORAC, LOUISETTE, *assise.*

FLORAC, *la saluant à l'orientale.* Dois-je aussi m'éloigner?..... votre majesté exige-t-elle?...

LOUISETTE, *riant.* Ah! ah! ah! je ne puis m'habituer, monsieur mon grand vizir, à vous voir saluer à l'antique mode de Bagdad..... saluez à la française. Monsieur de Florac... il est vrai que depuis cinq ans que vous êtes dans ces contrées, vous avez un peu oublié les usages de la cour de France...

FLORAC. Le souvenir peut s'en perpétuer, grâce à vous, madame, qui avez fait de Bagdad presqu'une copie de Versailles.

LOUISETTE. Comme je n'ai jamais vu Versailles, (*elle se lève*) je ne puis voir la différence qui existe.... mais n'est-ce pas que ce n'est pas trop mal tout ce que j'ai réalisé ici?...

FLORAC. Cela tient du prodige..... mais le changement le plus surprenant n'est pas celui qui s'est opéré autour de vous.

LOUISETTE. Oh! je comprends, monsieur mon ministre.... vous me flattez.... comme vous feriez à Versailles..... vous voulez dire que la pauvre fille de Bretagne a acquis beaucoup aussi..... depuis que par un hasard incroyable elle a vu se réaliser pour elle la prédiction de la vieille mère Toby... Eh! mon Dieu! oui, désormais il faut croire aux oracles et aux miracles. Je suis reine..... et pas trop surprise de l'être..... et je ne m'en acquitte pas trop mal; je porte la couronne tout aussi bien qu'une autre... on dirait que je n'ai fait que ça toute ma vie...... n'est-ce pas, monsieur le sergent recruteur, aujourd'hui le premier ministre de Louisette première, reine de Bagdad?

FLORAC. Si j'avais pu connaître notre double destinée, je n'aurais pas été si attristé quand un jour, revenant au village, j'appris que vous veniez d'être enlevée, avec quelques habitants du pays, par les pirates qui alors infestaient les côtes de Bretagne.

LOUISETTE. Le ciel m'a protégée en permettant que je fusse vendue, comme esclave, au vertueux Abdoul-Assan, qui m'aima comme sa fille.... Il le fallait bien.... je venais d'apprendre, peu de jours auparavant, que j'avais perdu mon père. (*A part.*) Et lui! lui, le seul appui de mon enfance, Étienne m'avait abandonnée...

FLORAC. Du jour de votre disparition, la France me devint à charge, je pris le parti de la fuir.

LOUISETTE. A cause de moi..... et d'un grand nombre de créanciers qui, dit-on, attristaient pour monsieur le comte le ciel de la patrie... Nous autres reines, nous savons bien des choses qu'on ne nous dit pas.

FLORAC. Et vous ne semblez pas savoir celles qu'on a timidement su vous dire?

LOUISETTE. Seigneur Florac, il avait été convenu qu'on ne traiterait jamais de cette question.... (*regardant et souriant*) devant mes gardes.

FLORAC, *à part.* Quel espoir! (*Haut.*) Un simple commandement à la française éloignerait les sentinelles.

LOUISETTE, *souriant.* Le sergent recruteur doit savoir qu'à Versailles les factions sont de deux heures.

FLORAC, *empressé.* Et après ce temps.... ne puis-je espérer?

LOUISETTE. Peut-être!

Il sort.

SCÈNE V.

LOUISETTE, *seule.*

Le seigneur Florac est pressant, mais la reine de Bagdad ne peut être tout à fait aussi sévère que la batelière de Basse-Bretagne... Le ministre a un parti puissant, et lorsque toutes ces dames commencent à exciter mes sujets à la révolte, il faut les ménager, j'ai un sceptre à conserver... un royaume vaut bien un sourire.... Ah! monsieur Étienne! monsieur Étienne! c'est votre faute si je suis coquette, c'est votre faute... vous m'avez fuie par ambition, tandis que moi, qui ne cherchais pas, qui détestais la grandeur que malgré moi le ciel a placée sur ma tête... Allons! loin de moi toutes ces idées, loin de moi tous mes souvenirs... Étienne, je ne pense plus à lui... non, je ne veux plus y penser.

ÉLOI, *en dehors.* C'est une horreur! c'est une indignité!

TONTON, *de même.* Silence! ça ne vous regarde pas!

LOUISETTE. Ah! c'est Tonton, ma dame d'atours, et avec elle ce pauvre Éloi, son mari et le surintendant de mes cuisines!

SCÈNE VI.

LOUISETTE, TONTON, ÉLOI.

Tonton, avec un costume du genre de celui de la Reine, mais tournant un peu au comique. Éloi, habillé très-grotesquement.

ÉLOI. Coquette ! perfide ! volage !

TONTON. A c'te cuisine, qu'on vous dit !

ÉLOI. N'abusez pas de ma douceur !

TONTON. A c'te cuisine !

ÉLOI. Ne me forcez pas à descendre...

TONTON. A c'te cuisine !

ÉLOI. Tonton, vous dites toujours la même chose, vous n'aurez qu'un liard !

LOUISETTE. Eh quoi ! toujours en querelles, Éloi ! il faut être plus gentil pour sa femme; et toi, Tonton, il faut te montrer plus aimable, plus tendre pour ton mari.

ÉLOI. Ah ! bien oui, tendre... figurez-vous, reine, que pendant que je me dessèche à votre cuisine, mon épouse fait de l'œil à tous les turbans de votre royaume, depuis les purs cachemires jusqu'aux simples bourres de soie. Voilà ce qui m'exaspère.

LOUISETTE. Comment peux-tu te plaindre ? rappelle-toi notre arrivée dans ce pays, les dangers que tu as courus... vendus comme des esclaves, nous appartenions tous au maître, et si mes prières n'avaient touché son cœur, ta femme elle-même.....

ÉLOI. Ne m'en parlez pas, rien que d'y penser... et c'est qu'il avait voulu me faire gardien du sérail... à des conditions inacceptables... Me voyez-vous, ainsi, obligé de garder ma femme, à laquelle on aurait jeté le mouchoir ?...

TONTON. De quoi vous mêlez-vous, je vous le demande ?

ÉLOI. Eh bien ! reine, vous l'entendez... pouvez-vous être surprise à présent de mes projets séditieux ? Oui, je m'insurrectionne... il me faut une vengeance, et je vais seconder mes marmitons, qui tous regrettent la cuisine orientale... j'en ai goûté, je la trouve atroce, mais j'éprouve le désir de m'y livrer avec ardeur; j'éprouve le besoin d'en faire manger à ma femme... je mettrai tout au safran, du safran partout... du safran ! c'est encore trop bon pour elle !

LOUISETTE. Pauvre Eloi ! retourne à tes fourneaux, mon ami, et songe qu'il ne serait pas juste de punir toute ma cour des torts de ton épouse... laisse-nous; je vais lui parler, et je te promets de plaider ta cause.

ÉLOI. Plaidez, reine, plaidez, je m'en rapporte à votre éloquence, et je vais vous confectionner quelque chose de délicieux, un fricot mirobolant.

AIR : *C'est sur l'herbage* (Margot).

Votre cuisine
Sera divine,
Mais en retour, prenez mes intérêts.
Rendez-la bonne,
Et je vous donne
Tous les trésors du cuisinier français.
Il faut tâcher de parler à son âme,
De l'attendrir, de l'effrayer surtout.
J' vous laisse ici, tâchez d' fair' un' bonn' femme,
J'aurai moins d' peine à faire un bon ragoût.

ENSEMBLE.

LOUISETTE.

Votre cuisine
Sera divine,
Plus de querelle entre nous désormais,
Puisqu'il ordonne
Que l'on nous donne
Tous les trésors du cuisinier français.

TONTON.

A c'te cuisine !
Qu'elle ait bonn' mine,
Obéissez à mes moindres souhaits.
Je vous l'ordonne,
Que l'on me donne
Tous les trésors du cuisinier français.

ÉLOI.

Votre cuisine, etc.

Il sort.

SCENE VII.

LOUISETTE, TONTON.

LOUISETTE, *assise*. Sais-tu bien, Tonton, que je ne suis pas contente de toi ? car enfin, Éloi est ton mari, et ta conduite...

TONTON. Mon mari, mon mari, c'était bon quand nous étions de petites gens... mais quand on a des richesses... un certain rang, de la gentillesse, des adorateurs, on n'a plus besoin de s'occuper de son mari.

LOUISETTE. En vérité ?

TONTON. C'est-à-dire qu'il me semble que c'est un rêve... J'avais beau croire à la mère Toby... je me disais que pour nous deux elle avait battu la campagne... Eh bien !... non... ça y est... nous y v'là, dans notre royaume; v'là Tonton la pêcheuse de coquillages qu'est devenue la suivante d'une reine, et cette reine, c'est la petite Louisette, la batelière du hameau ! Hein ! mam'selle, sommes-nous heureuses toutes les deux, et vous surtout, majesté ?

LOUISETTE. Heureuse ! dis-tu, heureuse, lorsqu'en échange de ces honneurs, de cette puissance, de cette cour qui m'environne, je donnerais la moitié de mon existence pour vivre seule, ignorée, dans un coin de cette Bretagne où j'ai passé les jours de mon enfance !

TONTON. La Bretagne! c'est la Bretagne que vous regrettez! la Bretagne! avec ses paysans, ses pêcheurs, ses vilaines masures, tandis que vous avez ici, des palais, des vizirs, des pachas, de l'or, des diamants, des esclaves, et que vous êtes reine de tout cela!

LOUISETTE. Eh bien! si je pouvais revoir mon pays, si mon père vivait encore, si Étienne ne s'était pas à jamais séparé de moi, quels que soient les liens qui m'y attachent, je quitterais ce royaume, ce rang, ce titre de reine, et je serais la plus heureuse des femmes, rien qu'à voir ma chaumière, mon costume villageois, mon père et mon fiancé!

TONTON. En voilà des idées! Votre fiancé! un matelot! qu'a l'air renfrogné, pas gai du tout, et qui vous a quitté parce que vous étiez trop peu de chose pour lui... mais dites un mot, majesté, un seul mot, et c'est un ambassadeur, un ministre, un roi, qui sera votre fiancé.

LOUISETTE. Et tu crois qu'il me ferait oublier le pêcheur? Tiens! vois, si je l'oublie.

Elle fait mouvoir un panneau à la gauche de l'acteur.

TONTON. Ah! mon Dieu! qu'est-ce que je vois? qu'est-ce que c'est que ça?

LOUISETTE. Reconnais-tu cette plage?

TONTON Est-il possible? oui, voilà bien les bords de la mer.. les rochers de la côte... ici la chaumière du père Maurice.... là-bas le bailliage, à côté l'église; c'est le pays, c'est notre village; mais par quel miracle?

LOUISETTE.

AIR : *Dans l'ouragan.*

Lorsque de la puissance
Tout me fit un devoir,
Quand de revoir la France
Nous perdîmes l'espoir,
Pour consoler la reine,
Ici l'on retraca
L'endroit où près d'Étienne
Son heureux temps passa.
Souvent je m'y promène,
Tout mon bonheur est là.
De mon beau paysage
D'ici je vois l'image,
Et quand je la vois,
Souvent je me crois
A mes heureux jours d'autrefois,
D'autrefois.

L'ancienne batelière
Reprenant ses habits,
Dans sa barque légère
Passe comme jadis.
Mais, hélas! quand je gagne,
L'autre bord de l'étang,
Ce n'est plus ma campagne
Que je trouve à présent.
Je cherche ma Bretagne,
Et cherche vainement.
Pour revoir son image
Je reviens au rivage,
Et quand je la vois,
Souvent je me crois
A mes heureux jours d'autrefois,
D'autrefois.

TONTON. Tiens, c'est drôle! et à moi aussi, ça me fait de l'effet... moi, qui faisais tout à l'heure l'esprit fort en parlant de notre pays... j'éprouve là, à le revoir... oh! c'est drôle, il me semble que je ne suis plus si fière, si heureuse de mes beaux habits!

On entend du bruit. Canon et orage par intervalles.

LOUISETTE. Quel est ce bruit?

TONTON, *regardant au fond.* Ah! mon Dieu! que de monde sur le rivage!... et comme le temps est sombre!... Bien sûr, c'est une tempête; peut-être vient-on d'apercevoir quelque navire en mer.

LOUISETTE. En effet, ces signes de détresse... Holà! quelqu'un!...

SCÈNE VIII.

LES MÊMES, ÉLOI, TOUTE LA COUR, *excepté* LES QUATRE SULTANES.

CHŒUR.

AIR :

Un vaisseau que l'orage
Entoure de dangers...
Ah! sauvons du naufrage
Les pauvres passagers.

LOUISETTE. Qu'y a-t-il?

TONTON. C'est un navire qu'on vient d'apercevoir en mer, et par le temps qu'il fait, si dans cinq minutes il n'est pas entré dans le port, je défie bien qu'un seul homme en réchappe... (*Tonnerre.*) Entendez-vous? l'orage augmente...

LOUISETTE. Que tout le monde se rende sur le rivage, et que les secours les plus prompts soient prodigués à ces malheureux.

SCÈNE IX.

LES MÊMES, FLORAC.

FLORAC, *entrant, et ne voyant que la Reine.* L'heure est enfin sonnée, et j'accours.... Pourquoi tout ce monde?.... Madame, je me rendais à vos ordres.

LOUISETTE, *passant au milieu.* Eh! monsieur, ne voyez-vous pas qu'une tempête affreuse..... (*Tonnerre.*) Là-bas des malheureux naufragés nous appellent à leur secours. Pardon de ne pouvoir vous entendre; mais dans un moment si terrible.... Partez, mes amis! lancez des barques à la mer; à tout prix il faut sauver ce navire...

AIR : *La matinée est belle.*

Courons sur le rivage,
Au loin gronde l'orage.
Mes amis, du courage!
Songez
Aux naufragés.

ENSEMBLE.

Courons, etc.

LOUISETTE.

Comte, avant de nous rendre
Aux vœux de notre cœur,
Courons sans plus attendre
Au secours du malheur...

CHŒUR.

Courons, etc.

SCÈNE X.

FLORAC, *seul.*

Des naufragés!..... Secourir le malheur, c'est trop juste... mais c'est une chose particulière, que toutes les fois que je viens à lui demander l'aveu de son amour, un obstacle inattendu, je ne sais quelle fatalité vient toujours servir de prétexte au silence qu'elle s'obstine à garder. Oh! je saurai bien la contraindre à s'expliquer; les instants sont trop précieux pour ne pas les mettre à profit.

SCENE XI.

FLORAC, ZAIDA.

ZAIDA. Je vous cherchais, monsieur de Florac.

FLORAC. Moi!

ZAIDA. Êtes-vous enfin des nôtres? et peut-on vous compter au nombre des ennemis de la reine?

FLORAC. Eh! madame, c'est bien le moment de songer à nos projets (*tonnerre*), quand c'est le ciel qui conspire. Et n'entendez-vous pas l'orage, la tempête?

ZAIDA. Et que vous importe?

FLORAC. Oui, sans doute, mais en ce moment vous devez comprendre...

ÉLOI, *dans la coulisse.* Ah! mon Dieu! mon Dieu!

ZAIDA. Silence! on vient!

SCÈNE XII.

LES MÊMES, ELOI.

ÉLOI, *courant, et tombant épuisé sur un siége.* C'est affreux! c'est affreux! c'est à faire trembler.

FLORAC. Qu'y a-t-il?

ÉLOI. Il y a qu'il n'y a plus rien..... Le vaisseau s'est abîmé dans la mer. Si vous aviez vu, en v'là un spectacle!... Personne, personne de sauvé. (*Il se lève.*) Et dire que ma femme ne faisait pas partie de l'équipage!

FLORAC. Eh quoi! la reine a laissé périr ces malheureux sans leur porter secours!

ÉLOI. Ne m'en parlez pas! c'est effrayant tout ce qu'on a fait pour essayer d'en repêcher quelques-uns... On voulait même que je m'embarquasse, afin que je les sauvasse, au risque que je me noyasse; mais pas si bonasse.... ce qu'il y avait de plus naturel, c'est que je m'évadasse, et me voilà. (*Bruit au dehors. Cris :* Sauvé, sauvé!) Tenez, c'est tout le monde qui revient de ce côté.

FLORAC. Sans doute, quelques naufragés qu'on ramène.

ZAIDA. Monsieur le comte, j'attends votre réponse.

FLORAC. Dans un instant vous la connaîtrez.

ÉLOI. Voici la reine et toute sa cour.

CRIS. Sauvé, sauvé!

SCENE XIII.

LES MÊMES, *puis* ÉTIENNE, *porté par deux hommes.* TOUTE LA COUR.

CHŒUR.

AIR : *Célébrons ce doux mariage* (la Veuve de la grande armée).

Dieu de bonté, Dieu de clémence,
Puisque vous l'avez protégé,
Veuillez nous donner la puissance
De secourir le naufragé.

Pendant le chœur, on a porté Étienne évanoui sur un canapé, à l'avant-scène.

LOUISETTE.

Mon Dieu! mais il respire à peine;
Pourtant je reconnais ses traits.
C'est lui, mon frère, c'est Étienne,
C'est l'ami que j'aimais!

Aux personnes qui l'entourent.

De vous si je dois tout attendre,
Sauvez, sauvez ce malheureux.

FLORAC.

D'où peut venir un intérêt si tendre?...
Reconnaissant Étienne.
Que vois-je! ô ciel!... en croirai-je mes yeux?

LOUISETTE.

A genoux, et que chacun prie,
Que chacun s'incline en ce lieu.
Pour que Dieu le rende à la vie,
Élevons nos accents vers Dieu!

CHŒUR, *tous à genoux.*

Dieu de bonté, etc.

A la fin du cœur, Étienne fait un mouvement.

LOUISETTE. Sauvé! il est sauvé!

ÉTIENNE, *ouvrant les yeux.* Une femme! où suis-je donc? et qui m'a secouru dans ce naufrage?

LOUISETTE, *qui a baissé son voile. A sa cour.* Eloignez-vous!

Toutes les personnes remontent et se tiennent au fond.

FLORAC, *à Zaïda.* Maintenant, comptez sur moi : votre cause est la mienne.

ZAIDA. A ce soir donc!

FLORAC. A ce soir.

Il sort avec Zaïda.

LOUISETTE. Lui! lui! que je ne croyais plus revoir. (*Etienne veut se lever, et tombe de fatigue.*) Restez; la fatigue et les dangers ont dû brisez vos forces.

ÉTIENNE. Ah! oui, cette tempête; tant de victimes autour de moi! et c'est vous, madame, qui m'avez sauvé!...

LOUISETTE. Vous ne me devez aucune reconnaissance..... Appelée par mon rang au secours des malheureux naufragés dans cette île... j'accomplissais un devoir.

ÉTIENNE. Hélas! la mort eût mis un terme à mes peines; mais, si cruelle que soit pour moi l'existence, laissez-moi remercier mon ange libérateur; pourquoi cherchez-vous à me dérober vos traits?

LOUISETTE. Et qu'importent les traits de mon visage?..... vous parliez de peines, de souffrances... eh bien! je suis la reine de ce pays, et s'il est en mon pouvoir de les calmer, de les adoucir...

ÉTIENNE. Non, madame, cela n'est au pouvoir de personne, et pourtant depuis que je vous écoute... vos accents, le son de votre voix... Ah! que je l'entende encore!

AIR *de la Bretagne.*

Oui, parlez-moi, venez à mon secours;
Parlez, parlez, votre voix me soulage;
Mais la fatigue a brisé mon courage,
Et malgré moi...

Il retombe sur le banc.

LOUISETTE.

Grands dieux!

ÉTIENNE.

Parlez toujours.

LOUISETTE.

Ses forces le trahissent,
Ses yeux s'appesantissent.

L'orchestre exécute en sourdine les deux vers suivants, qui ne sont pas chantés.

ÉTIENNE, *se soulevant avec délire.*

Là-bas, là-bas, je revois mon hameau:
Oui, la voilà, Louisette ma compagne;
On est heureux sur la montagne,
Et de notre Bretagne
Le soleil est si beau!

Il retombe accablé sur le banc. Tout le monde tombe à genoux sur un signe de Louisette.

REPRISE DU CHŒUR.

Dieu de bonté, etc.

ACTE TROISIÈME.

Une petite tente orientale très-élégamment décorée, et tenant seulement le premier plan du théâtre.

SCÈNE PREMIÈRE.

LOUISETTE, ÉLOI, TONTON.

Au lever du rideau, Louisette et près d'elle Éloi et Tonton sont groupés vers la gauche, et paraissent regarder vers l'extérieur.

LOUISETTE. Silence! il dort.... Pauvre Étienne! Ah! malgré la colère que j'ai toujours contre lui depuis son cruel abandon..., je ne puis m'empêcher de le plaindre, et l'état affreux où je l'ai revu...

TONTON. Quequ'ça fait, madame, puisqu'enfin le v'la heureux, le v'la près de vous, de vous, devenue une grande dame, une reine? Ainsi donc, son ambition sera satisfaite... il sera roi, c'est ça un beau grade!

ÉLOI. Je crois bien, et je serai surintendant de sa bouche, son premier fricotteur;

en v'là de la chance! Je serai attaché à son palais... royal!...

LOUISETTE. Roi! oh! non, nous n'en sommes pas encore là.... Je veux, oui, je veux l'éprouver d'abord, lui donner une petite leçon.

TONTON. Une leçon?

LOUISETTE. Oh! pas trop sévère... mais, enfin, jusqu'à ce jour, ce n'est pas moi, c'est le ciel qui l'a puni de son ambition; ce n'est pas moi qui lui ai fait comprendre combien on souffrait, même au milieu du luxe et de la grandeur, quand on était délaissé par ce qu'on aime... Je veux qu'il le comprenne enfin, et qu'il soit un peu malheureux encore avant de connaître tout son bonheur... Par là, je m'assurerai en même temps si je suis toujours aimée, aimée pour moi-même, et non pas à cause de cette couronne. Enfin, je veux être à la fois deux femmes pour lui, la reine de Bagdad et la petite Bretonne; je veux voir quelle est celle des deux qu'il aimera le mieux; et malheur à lui... oh! oui, malheur à vous, monsieur Étienne, si vous ne préférez pas Louisette à la reine!

TONTON. Prenez donc garde, majesté... Si vous parlez si fort, il va se réveiller!

LOUISETTE. Tu as raison, et je m'éloigne : car ce n'est pas sous ces habits qu'il doit me retrouver. Je t'ai mise au fait de tout, ma bonne Tonton; en pressant ce ressort, tu feras disparaître en un clin d'œil la tente où nous nous trouvons. Et lui! lui! qui tout à l'heure, pendant son sommeil, murmurait encore le nom de notre village, et qui s'y croyait transporté, sans doute... eh bien!

AIR *des Mémoires.*

Il faut que par nos soins son erreur se prolonge.
Il dort; pour son bonheur, je veille près de lui.
Lui rendre à son réveil ce qu'il voyait en songe,
Allons, je compte sur vous, mes amis.

Elle sort.

SCÈNE II.

TONTON, ÉLOI.

ÉLOI. Je ne comprends pas un mot à ce qu'elle va faire; mais c'est égal, ça me va, ça me va parfaitement.

TONTON. Et à moi aussi; il faut qu'il nous retrouve tout juste ce que nous étions autrefois.

ÉLOI. Oui, avant notre mariage... Oh! ça me va! ça me va! Dieu de Dieu! c'était le bon temps!

TONTON. A qui le dites-vous? Je vais redevenir la petite Tonton, la gentille pêcheuse de coquillages, et je verrai tous les plus beaux jeunes hommes du pays m'offrir de pêcher avec moi!

ÉLOI *. Je vais redevenir libre, indépendant, garçon enfin... garçon.... comprenez-vous, Tonton, tout ce qu'il y a de bonheur dans ce mot-là?... Oh! ça me va admirablement!

TONTON. Silence! voulez-vous bien vous taire!

ÉLOI.

AIR : *C'est à la cour.*

Oh! comm' ça me va! (*Bis.*)
A tout's les fill's j' vas peindr' ma flamme;
All' s' disput'ront à qui m'aura.
Vous, Tonton, vous n'êtes plus ma femme.
Oh! comme ça m' va! (*Bis.*)
Mahomet, tu sais comm' ça m' va!

TONTON. Un instant!.... Je ne suis plus votre femme, c'est juste, mais je suis votre amante.

ÉLOI. Ah! bah!

TONTON. Votre adorée..... puisqu'il faut que nous soyons à ses yeux tout juste ce que nous étions autrefois.

ÉLOI. Plaît-il?

TONTON. Il faut que vous me fassiez la cour, que vous soyez amoureux de moi, très-amoureux... c'est l'ordre de la reine.

ÉLOI. Mais, c'est une tyrannie, c'est un despotisme insupportable.

Air précédent.

Ça n' me va plus. (*Bis.*)
Au lieu d'être en progrès, madame,
Nous en r'venons aux vieux abus;
Faut que j' fass' la cour à ma femme:
Ça n' me va plus. (*Bis.*)
Madame Eloi, ça n' me va plus.

Décidément, je me révolte, je me révolutionne, et je vais mettre une demi-livre de safran dans le potage de sa majesté!

Fausse sortie.

TONTON, *le retenant.* Du tout, restez, monsieur, restez, je vous l'ordonne.... ou plutôt je vous en prie, Éloi... mon bon petit Éloi. (*Elle le cajole.*) Je t'en conjure, faisons la paix.

ÉLOI. Tonton, vous faites patte de velours, tu veux m'égratigner.

TONTON. Non... tu sais que malgré toutes nos querelles, je t'aime... au fond.

ÉLOI. Oui, bien au fond.

TONTON. Et aujourd'hui, pour accomplir les projets de la reine, nous avons besoin d'être d'accord!... (*Prenant un ton sentimental.*) Veux-tu, chéri?

ÉLOI, *de même.* Je le veux bien, ma biche. (*A part, après l'avoir embrassée.*) Est-

* Eloi, Tonton.

on bête! on n'y croit pas, et on se laisse toujours prendre.

TONTON. Tu auras soin, au moment où Étienne sera le plus enchanté de revoir sa Louisette, tu auras soin de verser dans son verre...

ÉLOI. Quoi donc?

TONTON. Cette poudre.... à l'instant tout son bonheur s'évanouira; il retombera dans un sommeil profond, comme celui où il est plongé depuis hier soir.

ÉLOI. Et puis?

TONTON. Et puis, en se réveillant pour la seconde fois, il se retrouvera absolument comme il était au moment de son naufrage.

ÉLOI. Mais pourquoi ça? pourquoi ça?

TONTON, *avec mystère.* Pourquoi ça?... parce que...

ÉLOI. Ah! à la bonne heure; au moins on sait à quoi s'en tenir.

TONTON. Tais-toi! il s'éveille! Sauvons-nous!

ÉLOI. Filons!

TONTON. A nos costumes.

ÉLOI. A ma cuisine.

TONTON. Ah! j'oubliais!...

Elle presse le ressort indiqué par Louisette et sort très-vite par le côté; à l'instant même la tente, qui tient tout le premier plan, s'enlève et disparaît; on revoit dans son entier le décor du premier acte. L'orchestre joue en sourdine l'air de la Bretagne. Etienne entre vivement en scène, se frottant encore les yeux, comme un homme qui vient de s'éveiller en sursaut, et regardant autour de lui dans la plus grande agitation.

SCENE III.

ÉTIENNE, *seul.*

O mon Dieu! mon Dieu! qui m'a transporté ici, et par quel miracle?... Ai-je perdu la raison? Ah! tâchons, si je puis, d'être encore maître de moi et de rassembler là tous mes souvenirs!... Oui, j'y suis, je me rappelle, un naufrage! tous mes malheureux compagnons engloutis... et moi seul... sauvé, rejeté mourant sur le rivage... et puis... on m'a transporté dans un riche palais, où je suis tombé épuisé de fatigue... et puis je me souviens encore dans mon sommeil..... le pays, la plage où s'est écoulé ma jeunesse... (*Regardant autour de lui.*) Encore, encore, et la montagne... et le clocher de mon village... et la cabane de mon vieux père! Ah! toujours, toujours ce rêve. (*La cloche sonne l'Angelus. Musique religieuse en sourdine.*) La cloche de l'*Angelus*... et par là tous nos villageois à genoux dans la chapelle de l'ermite... Et moi aussi, je tombe à tes genoux, mon Dieu! et je t'implore.

AIR *de Colalto.*

Ah! prends pitié du trouble de mes sens;
A ta clémence, ô mon Dieu, je me livre;
J'ai confiance, et toi seul, je le sens,
Peux chasser loin de moi cette erreur qui m'enivre;
Mais cette erreur, elle est si douce, hélas!
Puisqu'il te plaît, par ce riant mensonge,
De m'envoyer tant de bonheur en songe,
O mon Dieu! ne m'éveille pas!
Par pitié, ne m'éveille pas!

Mais les voilà tous qui sortent de l'église, qui viennent de ce côté... des habits de fête, des bouquets!...

SCÈNE IV.

ÉTIENNE, TONTON *et* ÉLOI, *habillés comme au premier acte, et à la tête de quelques paysans et paysannes. Ils entrent par la droite.*

CHŒUR.

AIR *de Jeannot et Colin.*

Accourez tertous,
Enfants des montagnes,
Avec vos compagnes
V'nez sauter cheux nous.

TONTON.

Que ce jour sera biau,
Eloi, mon compère!

ÉLOI, *parlant.* Éloi! Tonton!...

TONTON, *continuant l'air.*

Tu m'payeras, j'espère,
L'ruban d'mon chapiau?

ÉLOI. Ça va, ma petite Tonton, ça va : un ruban jaune.

TONTON, *bas.* Taisez-vous donc, vous avez toujours c'te couleur-là à la tête!

REPRISE DU CHŒUR.

Accourez tertous, etc.

ÉTIENNE*. Éloi! Tonton! c'est vous, n'est-ce pas? c'est bien vous?

ÉLOI. Tiens! c'te bêtise, si c'est pas nous, qui qu'c'est donc?

TONTON. Bonjour, monsieur Étienne! votre servante, monsieur Étienne... Comment ça va-t-il à ce matin, monsieur Étienne?...

ÉLOI. Très-bien... tant mieux... et nous aussi... Merci, il n'y a pas de quoi. (*A part, en lorgnant une des choristes.*) Dieu! la belle femme! la belle odalisque!

ÉTIENNE. Ainsi, vous êtes toujours les mêmes, toujours amoureux l'un de l'autre?

* Tonton, Etienne, Eloi.

ÉLOI. Toujours... et plus que jamais, ô Dieu ! Tonton, ma Tonton ! Oui, j'en suis amoureux zissime. Je ne l'ai jamais aimée comme ça, ma Tonton. (*A part, lorgnant toujours la jeune femme qui est près de lui.*) Cristi ! quelle belle femme !

Il lui prend la taille ; il recule avec modestie.

TONTON. Au revoir, monsieur Étienne ; nous sommes pressées... nous parcourons le village... pour rassembler... tous ceux qui nous manquent, et nous serons ici tantôt pour la fête.

ÉTIENNE. La fête ! quelle fête ?

TONTON. Pardine ! vous savez bien...

ÉLOI. Puisque c'est vous qui en êtes l'héros de la fête.

ÉTIENNE. Moi ! je suis...

TONTON. Ah ça ! mais, est-ce que vous avez perdu la mémoire ?

ÉLOI. C'est ça qui serait drôle !

TONTON. Alors, dans ce cas-là, tenez, il y a quequ'un qui vient là-bas, tout là-bas, et qui va vous la rendre la mémoire.

ÉTIENNE. Quelqu'un ! là-bas !

TONTON. Oui, est-ce que vous n'apercevez pas un bateau.

ÉTIENNE. O ciel !

ÉLOI. Non, pas au ciel... sur la rivière...

TONTON. Partons, partons... au revoir, à tout à l'heure, monsieur Étienne.

TOUS. A tout à l'heure.

ÉLOI, *regardant toujours la même femme.* Saprelotte ! la superbe odalisque !

Il l'embrasse.

TONTON, *se retournant.* Hein ? Plaît-il ? Qu'est-ce que c'est ?

ÉLOI, *d'un air important après avoir embrassé l'odalisque.* Enlevée !

REPRISE DU CHŒUR.

Accourez tertous, etc.

Ils sortent par la gauche.

SCÈNE V.

ÉTIENNE, *puis* LOUISETTE.

ÉTIENNE *est toujours en contemplation vers le côté que lui a montré Tonton, et s'écrie.* Ce bateau... par là... oui, je le vois enfin, ou je crois le voir, du moins... car, après une heure d'illusions et de prestiges, je me demande encore si je dors ou si je veille, enfin, si le ciel a exaucé ma prière, en me laissant à tout jamais mon rêve, ma folie, ma folie, qui fait toute ma joie !...

On entend à l'extérieur la voix de Louisette.

Voici la batelière.
Passez la rivière :
C'est ma barque légère
Qui vous mène à terre.

ÉTIENNE. Oh ! cette voix ! c'est elle ! c'est Louisette ! oui, je la vois, je l'entends, c'est bien elle !

LOUISETTE.

Voici la batelière, etc.

Elle va à lui en lui tendant la main.

ÉTIENNE. Louisette ! ma chère Louisette !

LOUISETTE. Ah ! que je suis contente !

ÉTIENNE. Et moi donc !

Il la regarde avec transport et lui prend la main comme pour bien s'assurer que c'est Louisette.

LOUISETTE. Mais comme vous me regardez ! On dirait que vous avez l'air surpris de me voir !

ÉTIENNE. Surpris ! oh ! oui, oui, sans doute, mais en même temps, ravi, transporté, ma chère Louisette !

LOUISETTE. Est-ce que vous ne m'attendiez pas ? Est-ce que nous ne nous voyons pas comme ça tous les jours ?

ÉTIENNE. Tous les jours !

LOUISETTE. Certainement, hier encore !

ÉTIENNE. Hier !

LOUISETTE. Est-ce que nous pouvons jamais nous quitter ? Toujours, toujours ensemble... Eh bien ! v'là que vous recommencez à me regarder comme tout à l'heure !

ÉTIENNE. Louisette, ou qui que tu sois, magicienne, enchanteresse, qui me retraces son image, qui prends ses yeux auprès de moi, pour être sûre de me séduire...

LOUISETTE. Comment ! qu'est-ce que cela signifie, monsieur ?... une magicienne ! vous me dites de ces mots-là, à moi !

ÉTIENNE. Eh bien !... eh bien ! non, Louisette, je vous crois, je veux vous croire ; mais répondez-moi : est-ce que nous ne sommes pas ici près de Bagdad ?

LOUISETTE. Bagdad !... Bagdad ! qu'est-ce que c'est que cela ? où avez-vous trouvé ce drôle de nom-là, monsieur ? Ah ! c'est peut-être un village voisin du nôtre... dam ! c'est bien possible... mais je ne le connais pas, moi, qui ne suis jamais sortie d'ici !

ÉTIENNE. Jamais !... Et moi ! moi ! ces cinq ans que je viens de passer en mer...

LOUISETTE. Vous ! vous avez été en mer depuis cinq ans ! par exemple ! Allons, Étienne, mon ami, ne dites donc pas de folies... Il y a cinq ans, au contraire, cinq ans, pour le moins, que vous n'avez quitté le pays !

ÉTIENNE ! Comment ! je ne vous ai pas fait mes adieux, ici même ?

LOUISETTE. Pas le moins du monde.

ÉTIENNE. Un brick tout prêt à mettre à la voile... un recruteur...

LOUISETTE. Je ne sais pas ce que vous voulez dire!

ÉTIENNE. Je ne me suis pas séparé de vous, malgré vos reproches, vos larmes, et dans un accès d'ambition que vous aviez juré de ne me pardonner jamais?...

LOUISETTE. Un accès d'ambition! vous!

ÉTIENNE. Et ce naufrage, et cette femme voilée qui m'a recueilli, qui m'a donné des secours?

LOUISETTE. Une femme! ah! par exemple, en voilà trop, monsieur; je vous permets toutes vos autres visions, je ne m'en offense pas, je vous plains, et voilà tout... cela devient sérieux, je vous le défends, entendez-vous, même en rêve, je vous le défends... Allons, allons, revenez à vous, monsieur Étienne, et soyez raisonnable... vous n'avez pas été ambitieux, vous n'êtes pas parti, je vous aime, et vous m'aimez toujours.

ÉTIENNE. Oh! toujours!

LOUISETTE. Rien enfin de ce que vous me racontez n'a eu lieu, rien. Ah! si fait... vous m'avez dit adieu... ici même, c'est vrai... mais hier, pas plus tard, hier, avec la promesse de me revoir ce matin, pour danser avec moi à la fête.

ÉTIENNE. Quelle fête?

LOUISETTE. Vous me le demandez?... mais la fête de nos fiançailles!

ÉTIENNE. Nos fiançailles!

Musique villageoise à l'extérieur.

LOUISETTE. Venez! écoutez plutôt le son de la musette.

ÉTIENNE. C'est vrai! c'est vrai!

LOUISETTE. Les v'là tous qui accourent! Votre main, monsieur Étienne, mon mari, votre main, que j'ouvre le bal avec vous!

ÉTIENNE. Le bal! son mari! (*A part.*) Oh! ma foi, rêve ou réalité, raison ou délire, merci, mon Dieu! merci; je suis heureux.

Tous les Paysans et Paysannes, conduits par Eloi et Tonton, reviennent de tous les côtés en dansant au son du tambourin et de la trompette. Etienne a pris la main de Louisette et danse avec elle pendant le refrain suivant.

SCÈNE VI.

LES MÊMES, ÉLOI, TONTON, TOUS LES PAYSANS.

CHŒUR.

La musette
Interprète
L'hymen et l'amour;
Jeune fille
Gentille
A toujours son tour.

A la fin du chœur la danse est vive et animée.

ÉLOI, *redescendant.* Je demande la ronde du pays, mademoiselle Louisette, je la demande à l'unanimité.

TOUS. Oui, oui, la ronde du pays.

LOUISETTE. Volontiers... du moment que ça vous fait plaisir, Étienne, je ne me fais jamais prier.

AIR : *Dis-moi pourquoi?*

Veux-tu partir loin du village,
Et tous deux nous mettre en voyage
Pour chercher l' bonheur et l' plaisir,
La fortun' qui semble nous fuir?
Viens, et que rien ne nous arrête:
En son pays nul n'est prophète.
Veux-tu partir? veux-tu partir?
Dansons, dansons sous le feuillage,
Dansons la ronde du village.
Ici, je crois
Au bonheur. Et pourquoi
Chercher bien loin ce que j'ai près d' moi?

CHŒUR.

Dansons, etc.

DEUXIÈME COUPLET.

Veux-tu partir? la mer est belle.
Ecoute une voix qui t'appelle
Là-bas, là-bas,
N'entends-tu pas?
C'est la fortune, elle est là-bas!
Ecoute bien tout' ses promesses:
Que de grandeurs! que de richesses!
N'entends-tu pas? (*Bis.*)

Là un Turc entre et parle bas à Tonton.

TONTON, *avec effroi.* O mon Dieu!

ÉLOI. Quoi donc? Qu'est-ce qu'il y a? Qu'est-ce qu'il dit donc bas à ma femme, ce marabout-là?

TONTON, *bas, à Louisette.* Madame, on conspire contre vous... Le comte de Florac et la sultane Zaïda... Dans une heure la révolte doit éclater. Madame, le temps presse.

ÉTIENNE, *regardant, à part.* Qu'est-ce donc? Quel est cet homme?

LOUISETTE. Une heure!... Osmin, fais prendre les armes à tes soldats.

Elle lui parle bas en montrant Etienne, qui affecte de ne rien voir.

ÉTIENNE. Que se passe-t-il?

LOUISETTE. Rien! rien!

Dansons, etc.

ÉTIENNE, *à part.* Quel est cet homme?... Oh! très-certainement, tout ce qui m'entoure est réel, bien réel, je ne suis pas fou, mais je suis dupe... Patience! Chacun son tour! (*Retournant près de Louisette, qui paraît vivement occupée.*) Eh bien! Louisette, ma chère Louisette, est-ce que tu n'achèves pas ta chanson?

LOUISETTE. Si fait, si fait, mais d'abord... (*Montrant une collation qui vient d'être apportée par Eloi et Tonton.*) Venez, nos amis vont boire à nos fiançailles, au bonheur de notre ménage.

TONTON. Oui, au bonheur d'Étienne et de Louisette.

Tous vont prendre leurs verres; pendant ce temps signes d'intelligence entre Louisette et Tonton. Eloi verse le somnifère dans le verre destiné à Etienne.

LOUISETTE. Allons, allons, Étienne.

ÉTIENNE *a regardé de ce côté et vu tout ce mouvement.* Qu'ai-je vu?... Oh! j'aurai ma revanche... (*Aux paysans qui approchent leurs verres pour trinquer avec lui.*) Merci, merci, mes amis; à votre santé.

TONTON. Au bonheur d'Etienne et de Louisette.

ÉTIENNE *fait semblant de boire, et il jette derrière lui le contenu de son verre, puis il reprend avec vivacité.* Allons, ma Louisette, le dernier couplet.

TOUS. Oui, oui, le dernier couplet.

LOUISETTE. Voilà! voilà!

Veux-tu partir? j'entends l'oracle
A tous deux prédire un miracle;
Mais l'occasion qu'on n' saisit pas
S'enfuit bien vit' devant vos pas.

ÉTIENNE, *parlant.* En vérité... c'est étrange... je ne sais ce que j'éprouve, mais il me semble... Continue... continue, Louisette...

Il se laisse tomber sur un siége, comme cédant malgré lui au sommeil.

LOUISETTE, *continuant l'air à demi-voix.*

La fortune est femme et volage,
N' la fais pas attendr' davantage.
N'entends-tu pas? (*Bis.*)

Elle se penche avec les autres personnages vers Etienne qui commence à s'endormir.

LOUISETTE, *parlant.* A merveille!

TONTON. Il dort!

ÉLOI. C'est fini, on peut lui chanter: N'entends-tu pas? il ne peut plus rien entendre.

ÉTIENNE *se levant comme à moitié endormi.* Louisette!

LOUISETTE, *cri étouffé, répété par Eloi et Tonton.* Ah!

Reprise des danses en refrain, qui se ralentissent peu à peu, à mesure qu'Etienne paraît s'endormir profondément.

CHŒUR.

Dansons, etc.

LOUISETTE. Maintenant, que tout ce paysage disparaisse pour lui, et ramenons-le pendant son sommeil au palais de Bagdad!

ÉTIENNE. Louisette.

REPRISE DU CHŒUR.

Dansons, etc.

Ils sortent tous par le fond. La tente retombe.

SCÈNE VII.

ÉTIENNE, *seul.*

Enfin, je suis seul... Cette tente improvisée... (*Regardant à l'extrême droite.*) Là-bas, un palais... (*Se retournant vers le fond.*) Et de ce côté, ce tableau de mon pays, qu'on vient de cacher à mes yeux!... Et Louisette! Louisette, reine de Bagdad... Allons, quoi qu'ils en disent, je suis bien éveillé, mais il y a du merveilleux, du fantastique, de la féerie, dans mes aventures. Je me fais l'effet d'Aladin dans les Mille et une nuits.

AIR : *Restez, restez, troupe jolie.*

Mais, une fée à ma Louisette
A-t-elle donc, du haut des cieux,
Un beau jour jeté sa baguette?
Non, vraiment, ce don merveilleux,
Louisette, il était dans tes yeux.
Le ciel a voulu, chose étrange!
A quiconque porte un jupon
Donner tout l'empire d'un ange
Et tout le pouvoir d'un démon.

Ah! vous avez voulu vous jouer de moi, Louisette! Ma pauvre enfant, comme je vais vous le rendre! comme je vais vous tourmenter à mon tour! Je suis... je suis furieux... c'est-à-dire, non, je suis le plus heureux des hommes, puisque je l'ai retrouvée, puisque, j'en suis sûr, elle m'aime encore... Mais, moi, j'ai à cœur de me venger, de lui rendre la pareille... Enfin... je veux... mille idées se croisent, se confondent dans ma tête... Ah! j'entends du bruit... on vient! n'oublions pas que j'ai pris un somnifère, et que je dors très-profondément.

Il fait semblant de dormir.

SCENE VIII.

ETIENNE, ZAIDA, FLORAC.

FLORAC. Les moments sont précieux, venez, venez, belle Zaïda!

ÉTIENNE, *à part*. Encore une voix de connaissance, à merveille.

FLORAC. Tout semble favoriser nos projets; je me suis rendu maître des sentinelles qui gardent cette tente, et ce matelot (*montrant Etienne qu'il croit endormi*), mon compatriote, et celui de Louisette, qu'elle aimait depuis son enfance, et à qui elle n'a pas cessé de penser un instant, même depuis qu'elle est reine...

ÉTIENNE, *à part*. Vraiment? merci, monsieur le comte, merci.

FLORAC. Il est désormais en notre pouvoir; au besoin, si le sort trompait nos espérances, il nous servirait d'otage.

ÉTIENNE, *à part*. Je ne suis pas fâché de le savoir.

FLORAC. Mais nous triompherons, j'en suis sûr, et d'abord... je retourne auprès de Louisette, je vais m'emparer de sa confiance, la tromper enfin, pour qu'elle ne soupçonne pas notre complot... Vous, cependant, Zaïda...

ÉTIENNE, *à part*. Zaïda! tiens, c'est un joli nom!

FLORAC. Du haut de la grande mosquée, faites sonner la cloche qui appelle les croyants à la prière... C'est le signal qu'attendent les soldats, qui nous sont dévoués, pour prendre les armes, et venir demander l'abdication de la reine.

ZAIDA. C'est bien! je ne l'oublierai pas.

ÉTIENNE, *à part*. Ni moi non plus.

Florac sort.

SCÈNE IX.

ETIENNE, ZAIDA.

ZAIDA. Oh! oui, oui, nous triompherons... A moi la couronne, et surtout à moi le plaisir d'humilier ma rivale!

ÉTIENNE, *à part*. Nous verrons.

ZAIDA. Dans ce moment, monsieur de Florac doit être auprès d'elle... et moi, ma place est à la grande mosquée. Ne perdons pas un instant... allons donner le signal convenu.

ÉTIENNE. Le signal! comment la retenir? comment sauver Louisette? Ah!... (*Faisant semblant de rêver.*) Zaïda! Zaïda!

ZAIDA, *se retournant au moment de disparaître*. Mon nom! comment se fait-il? c'est lui! c'est ce jeune Français qui a prononcé mon nom pendant son sommeil.... C'est qu'il est fort bien cet étranger.

ÉTIENNE, *à part*. Elle donne parfaitement dans le piége... (*Haut.*) Ah! ne me repoussez pas, Zaïda! ou ce poignard...

Il porte la main à son poignard de matelot.

ZAIDA, *poussant un cri et arrêtant sa main*. Ah! que faites-vous? arrêtez!

ÉTIENNE, *faisant semblant de se réveiller*. Je savais bien qu'elle y viendrait. (*Haut.*) Vous, vous, madame, vous étiez là, près de moi!

ZAIDA. Oui, et j'ai tout entendu.

ÉTIENNE. O mon Dieu! aurais-je dit... que moi, pauvre soldat, j'ai l'audace de vous aimer... vous, une si grande dame? vous sauriez qu'à ce moment terrible où j'ai été jeté sur ce rivage, mes yeux en se rouvrant n'ont vu que vous, vous seule, vous, si belle, et dont l'image devait rester à jamais gravée dans mon âme?

ZAIDA. Serait-il vrai?

ÉTIENNE, *à part*. Elle donne parfaitement dans le piége. (*Haut.*) Vous savez aussi qu'un amour sans espoir me donnerait la mort.

ZAIDA. La mort! (*A part.*) Les femmes d'Orient ne laissent pas les hommes se porter à de pareilles extrémités.

ÉTIENNE.

AIR *d'Yelva*.

C'est trop souffrir; j'aime sans espérance.
Pour mon malheur, le ciel entre nous deux
A placé trop grande distance...
Je dois mourir! je suis si malheureux!
Ah! payez-moi d'une égale tendresse
Pour arrêter un projet si fatal!

ZAIDA, *à part*.

Comment lui faire oublier sa tristesse?

ÉTIENNE, *à part*.

Comment lui faire oublier le signal?
Haut.
Par vous, je puis oublier ma tristesse.
A part.
En lui faisant oublier le signal.

ZAIDA. Ainsi, vous me le promettez, monsieur, vous vivrez... et moi, moi... je vous promets de vous revoir.. et de veiller sur vous... A bientôt.

Fausse sortie.

ÉTIENNE, *à part*. Elle s'en va! diable! ça ne fait pas mon compte!... (*Haut.*) Non, madame, non, s'il est vrai que vous ayez pitié de mon malheur, vous resterez près de moi, vous ne sortirez pas sans m'avoir donné un gage de votre compassion, de votre tendresse.

ZAIDA. Un gage! comment! que signifie?

ÉTIENNE.

Air précédent.

Oui, si j'en crois l'espoir dont je m'enivre,
Vous m'aimerez. Par grâce, un seul baiser,
Et ce sera me décider à vivre.
Ah! par pitié, n'allez pas refuser!
Regardez-moi... de vous, belle princesse,
J'attends la vie en ce moment fatal.

Il tombe à genoux.

ZAIDA.

J'oublie, hélas! mon rang et ma sagesse.

ÉTIENNE, *à part.*

Elle a surtout oublié le signal.

Haut.

En vous faisant oublier la sagesse,
Je vous ai fait oublier le signal.

Rentrée de tout le monde. Louisette paraît avec toute sa cour.

LOUISETTE. Que vois-je! le perfide!

ZAIDA, *regardant, surprise.* Le signal! comment? ô ciel! la reine!

SCENE X.

TOUT LE MONDE.

ÉTIENNE. Oui, la reine victorieuse, et grâce à moi, madame.

TOUS. Grâce à lui!

ÉTIENNE. En vous disant que vous étiez belle et qu'un soldat avait l'audace de vous aimer, je vous ai retenue, je vous ai empêchée de vous rendre à la grande mosquée, et j'ai fait échouer votre conspiration. Je n'aime et ne puis aimer qu'une seule femme au monde.., la reine!

TOUS. La reine!

LOUISETTE. Moi!

ÉTIENNE. Eh! sans doute, madame; je suis si ambitieux! vous le savez bien... Et tenez, voyez plutôt... lisez...

Il lui donne une lettre.

LOUISETTE. Une lettre! ô ciel! une lettre de mon père. (*Lisant.*) « Adieu, mon ami, » mon Etienne, mon fils; je meurs loin » de toi, loin de ma Louisette.... Mais je » meurs en pensant toujours avec reconnais- » sance à ton dévouement pour moi; oui, pour » me sauver, pour me rendre l'honneur et » la liberté, tu as renoncé peut-être au bon- » heur de toute ta vie... tu t'es vendu au re- » cruteur... Dis à Louisette, si jamais tu la » retrouves, qu'elle seule peut acquitter ma » dette en te rendant heureux. » (*Avec transport.*) Ah! Etienne, j'ai pu te méconnaître, t'accuser pendant si longtemps! mon cher Etienne!

Elle se jette dans ses bras.

ÉTIENNE, *souriant.* Eh bien! y pensez-vous, madame, votre majesté!

LOUISETTE. Oh! plus de majesté! Louisette, rien que Louisette! (*Elle jette son manteau et se trouve en paysanne. Elle va vivement presser le ressort, le paysage reparaît.*) Monsieur de Florac, et vous aussi, madame, j'abdique, et je pars demain pour la France; seulement je vous engage à faire comme moi, et de gouverner à la française.

FLORAC. Je m'y engage.

TONTON. La France! la France! et nous aussi, ça nous fera plaisir de la revoir, est-ce pas, mon petit Eloi?

ÉLOI. Certainement, ça nous fera plaisir. (*A part.*) J' me suis marié en Turquie, ce mariage-là ne peut pas être valable en Bretagne.

ÉTIENNE.

AIR *de la Bretagne.*

Je pars demain, lieux chers à nos amours,
Dont un prestige ici m'offre l'image;
Pour vous revoir je me r'mets en voyage,
Je veux r'tourner au pays pour toujours.

LOUISETTE.

Désormais plus d'absence,
Toujours, toujours en France:
Notre bonheur est là,
Jamais il n' finira.

ÉTIENNE.

Ah! quel bonheur! nous rentrons au hameau.
Oui, j'y ramèn' ma sœur et ma compagne.
Qu'on est heureux à la montagne!
Et l'soleil de Bretagne
Nous semble encor plus beau.

CHŒUR.

FIN.

Imprimerie de Mme Ve DONDEY-DUPRÉ, rue Saint-Louis, 46, au Marais.

Sans Nom ! myst. 1 a. 40
Un Parent millionnaire, c. 2 a. 40
Le Père de l'Enfant, c.-v. 2 a. 40
Le 3me et le 4me, v. 1 a. 30
L'Agrafe, mél. 3 a. 40
Le Mari à la ville et la Femme à la campagne, c.-v. 2 a. 40
Une Fille de l'Air, f. 3 a. 50
Le Château de ma Nièce, c. 1 a. 30
La Fille d'un Militaire, c.-v. 2 a. 40
Le Tour de Faction, v. 1 a. 30
La double échelle, o.-c. 1 a. 30
Bruno le Fileur, 2 a. 40
Un Jour de Grandeur, dr. 3 a. 40
Le Tourlourou, vaud. 5 a. 50
Le Bon Garçon, op.-c. 1 a. 30
Dgenguiz-Kan, pièce en 6 t. 40
L'Officier Bleu, dr. 3 a. 40
Portier je veux de tes cheveux. 40
Rita l'Espagnole, dr. 4 a. 50
Piquillo, op.-com. 3 a. 40
Le Café des Comédiens, v. 1 a. 30
Thomas Maurevert, dr. 5 a. 50
Pauvre Mère, dr. 5 a. 50
Spectacle à la Cour, c.-v. 2 a. 40
Suzanne, com.-vaud. 2 a. 40
Le Domino Noir, op.-c. 3 a. 50
Longue-Épée, dr. 5 a. 50
Maria Padilia, en 3 a. 40
Roméo et Juliette, trag. 5 a. 50
La Folie Beaujon 30
Caligula, 5 a. par A. Dumas. 50
Marquise de Senneterre, c. 3 a. 40
L'Ile de la Folie, r. 1 a. 30
La Dame de la Halle, v. 2 a. 40
Les Saltimbanques, par. 3 a. 40
A Trente Ans, v. 3 a. 40
L'Élève de St-Cyr, dr. 5 a. 50
Marcel, dr. 4 a. 50
La Maîtresse de Langues, 1 a. 30
Le Cabaret de Lustucru, 1 a. 40
L'Interdiction, dr. 2 a. 40
La Pauvre Fille, mél. 5 a. [illegible]
Isabelle, com. 3 a. 40
Le Mariage d'Orgueil, c.-v. [illegible] 40
La Petite Maison, c.-v. [illegible] 40
La Demoiselle Majeure [illegible] 30
M. et Mme Pinchon [illegible]
Mlle Dangeville [illegible] 40
Arthur, c.-v. [illegible] 40
Les Suites d'une Faute, [illegible]
Les Enfa[illegible] de Délire, [illegible]
Matéo [illegible] 50
Le Mariage [illegible] 40
A B[illegible] 40
L[illegible] de Pézenas, v. 1 a. 30
Lord Surrey [illegible] 50
Duchesse [illegible] 40
Simon [illegible] ave, c.-v. 1 a 30
Gaspard [illegible] er, dr. 4 a. 50
Les deux Pigeons, c.-v. 4 a. 40
Mathias l'Invalide, c.-v. 2 a. 40
Impressions de Voyages, v. 2 a 40
Geneviève de Brabant, mél. 4 a. 40
Rafaël, dr.-com. 3 a. 40
Faute de s'entendre, com. 1 a. 30
La Femme au salon, c.-v. 2 a. 40
Juana, c.-v. 2 a. 40
Les droits de la Femme, c. 1 a. 30
Moustache, c.-v. 3 a. 40
La Pièce de 24 Sous c.-v. 1 a 30
M. de Coylin, c.-v. 1 a. 30
Fille de l'Air dans son Ménage, 30
L'Orphelin du Parvis, c.-v. 1 a 30
Philippe III, trag. en 5 a. 50
La Croix de Feu, mél. 3 a. 40
Plock le Pêcheur, v. 1 a. 30
Léonce, c.-v. 3 a. 40
Les Trois Dimanches, c.-v. 3 a. 40
L'Escroc du Grand Monde, 3 a. 40
Les Chiens du St-Bernard, 5 a. 50
La Figurante, op.-c. 5 a. 50
La Comtesse de Chamilly, 4 a. 40
La Reine des Blanchisseuses 2 a 40
Le Sonneur de St-Paul, d. 5 a 50
Mademoiselle, c.-v, 2 a. 40
La Dame d'Honneur, o.-c. 1 a. 30
Maria Padilla, tragédie 5 a. 50
Paul Jones d. 5 a. A. Dumas. 50
Le Brasseur de Preston, o.-c. 3 a 40
Françoise de Rimini, tr. 3 a. 40
Lady Melvil, c.-v. 3 a. 40
Tronquette, c.-v. 1 a. 30
Le Discours de Rentrée, v. 1 a 30
Pierre d'Arezzo, d. 3 a. 40
Les Coulisses, v. 2 a. 40
Les Parens de la Fille, c. 1 a. 30
La Levée de 300,000 hommes. 30
Rothomago, revue 1 a. 30
Le Marquis en Gage, c.-v. 1 a. 30
Le Puff, rev. en 3 tabl. 40
Claude Stocq, dr. 5 a. 50
Jeanne Hachette, dr. 5 a. 50
Lekain, v. 2 a. 40
Reine de France, v. 1 a. 30
Diane de Chivry, par Soulié. 50
Les trois Bals, v. 3 a. 40
Le Manoir de Montlouvier. 50
Dieu vous bénisse, v. 1 a. 30
Maurice, c.-v. 2 a. 40
Bathilde, dr. 3 a. 40
Pascal et Chambord, c.-v. 2 a. 40
Maria, c.-v. 2 a. 50
La Bergère d'Ivry, dr. 5 a. 50
Mlle de Belle-Isle, par Dumas. 50
Mario Rémond, dr.-v. 3 a. 40
Simplette, v. 1 a. 30
Le Dépositaire, c.-v. 2 a. 40
Le Plastron, v. 2 a. 40
L'Alchimiste, d. 5 a. 50
Naufrage de la Méduse, 5 a. 50
Balochard, c.-v. 3 a. 40
La Maîtresse et la Fiancée, 2 a 40
Les Mancini, [illegible] en 3 a. 40
Deux jeunes [illegible], d. 5 a. 50
Marguerite d'Yorck, mél. 4 a. 40
Rigobert, [illegible] 40
Gabri[illegible] 40
La [illegible] a. 30
F[illegible] 30
Il faut que jeunesse se passe, 40
Un Vaudevilliste, [illegible] a. 30
Le Fils de la Folle, d. 5 a. 50
Le Marché de Saint-Pierre. 50
Les Belles Femmes de Paris. 40
Amandine, c.-v. en 2 a. 40
[illegible] temps ! v. 1 a. 30
[illegible] 860, v. 1 a. 30
[illegible] Ange dans le monde c. 3 a. 40
[illegible] Art de ne pas monter sa gar. 30
Christine, 5 a. par F. Soulié. 50
Les Chevaux du Carousel, 5 a. 50
Laurent de Médicis, tr. 3 a. 40
Les 3 Beaux-Frères, v. 1 a. 30
La Jacquerie, op. 4 a. 40
Revue et Corrigée, c.-v. 1 a. 30
Le Loup de Mer, d. 2 a. 40
L'Ombre d'un Amant, v. 1 a. 30
Christophe le Suédois, d. 5 a. 50
Le Proscrit, d. 5 a. 50
Les Travestissemens op.-c. 1 a. 30
Le Massacre des Innocens 5 a. 50
Thomas l'Égyptien, v. 1 a. 30
Clémence, c.-v. 2 a. 40
La belle Bourbonnaise, v. 2 a. 40
Le Château de Saint-Germain. 50
Les Bamboches de l'Année, r. 30
Commissaire extraordinaire. 30
Deux Couronnes, c. 1 a. 30
Les Enfans de troupe. c.-v. 2 a. 40
L'Ouvrier, d. 5 a. 50
Tremb. de terre de la Martini. 50
La Famille du Fumiste, c. 2 a. 40
Les Intimes, l. 1 a. 30
La Lionne, c.-v. 2 a. 40
La Madone, d. 4 a. 40
Jean le Pingre, v. 1 a. 30
Les Prussiens en Lorraine, 50
Roland Furieux, f.-v. 1 a. 30
Un Secret, d.-v. 3 a. 40
L'Abbye de Castro d. 5 a. 50
La nouvelle Geneviève, v. 2 a. 40
La Famille de Lusigny, d. 3 a. 40
Vautrin, d. 5 a. 50
L'Ouragan, d.-v. 2 a. 40
L'Habit Noisette, v. 1 a. 30
Aubray le Médecin, d. 3 a. 40
Les Honne[illegible] les Mœurs. 40
Les Dîners à 32 sous, v. 1 a. 30
Aînée et Cadette, c.-v. 2 a. 40
Le Fils du Bravo, v. 1 a. 30
Bonaventure, c.-v. 3 a. et 4 t. 40
L'Éclat de Rire, d. 3 a. 40
Cocorico, v. 5 a. 40
Souvenirs de la Marq. de V***. 30
La Jolie Fille du faubourg. 40
Le Fin Mot, c.-v. 1 a. 30
Le Château de Verneuil, d. 5 a 50
Monsieur Daube, c.-v. 1 a. 30
La Maréchale d'Ancre, d. 5 a. 50
Les Pages et les Poissardes, 40
Bocquet Père et Fils, c.-v. 2 a. 40
Le Mari de ma Fille, c.-v. 2 a 30
La Chouette et la Colombe. 40
Quitte ou Double, c.-v. 2 a. 40
L'Argent, la Gloire et les Femmes, v. 4 a. et 5 t. 50
Marguerite, dr. 3 a. 40
Paula, dr. 5 a. 50
M[illegible] ami Cl[illegible], v. 1 a. 30
Édith, dr. 4 a. 50
Un Roman intime, c. 1 a. 30
Lazare le Pâtre, dr. 5 a. 50
L'École des Journalistes, c. 5 a. 50
Cicily, com.-vaud. 2 a. 40
Newgate, dr. 4 a. 50
L'Hospitalité, vaud. 1 a. 30
Le Père Marcel, c.-v. 2 a. 40
Le Guitarrero, op.-c. 3 a. 50
La Fête des Fous, dr. 5 a. 50
La Favorite, op. 4 a. 50
Le Neveu du Mercier, dr.-v. 3 a. 50
Le Perruquier, dr. 5 a. 50
Zacharie, dr. 5 a. 50
Le Tyran de Café, c.-v. 1 a. 30
Tiridate, c.-v. 1 a. 40
La Bouquetière, dr.-v. 3 a. 40
Jacques Cœur, dr. 5 a. 50
L'École des Jeunes filles, d. 5 a. 50
La Protectrice, c. 1 a. 40
Manche à Manche, c.-v. 1 a. 40
Un Mariage sous Louis XV. 50
Fabio le Novice, dr. 5 a. 50
Une Vocation, com.-v. 2 a. 40
La Sœur de Jocrisse, v. 1 a. 40
Van-Bruck, com.-v. 2 a. 40
Le Marchand d'habits, dr. 5 a. 50
Mon ami Pierrot, c.-v. 1 a. 40
La Lescombat, dr. 5 a. 50
Zara, dr. 4 a. 50
Langeli, com-v. 1 a. 40
Murat, pièce en 3 a., 14 tab. 50
Trois œufs dans un panier, 1 a. 40
Mathieu Luc, dr. 5 a. en vers. 50
Caliste, com.-vaud. en 1 a. 40
L'Aveugle et son Bâton, 1 a. 40
Paul et Virginie, dr. 5 a. 50
Les Enfants Blancs, dr. 5 a. 50
La Voisin, mél. 5 a. 50
Ivan de Russie, tragédie. 50
Le Dérivatif, vaudeville. 40
Un Bas bleu, vaudeville. 40
Les Filets de Saint-Cloud. 50
Lorenzino, par A. Dumas. 50
La Plaine de Grenelle, d. 5 a. 50
La Dot de Suzette, d. 5 a. 50
Amour et Amourette, v. 5 a. 50
Pâris le Bohémien, d. 5 a. 50
Les Brigands de la Loire, d. 50
Margot, v. 1 a. 40
Paris la nuit, d. 6 a. 8 t. 50
Emery le négociant, d. 3 a. 50
La Salpêtrière, dr. 5 a. 50
Du Haut en Bas, c.-v. 2 a. 50
La Dot d'Auvergne, v. 1 a. 40
Claudine, dr. 3 a 50
L'homme aux Culottes 3 a. 4 p. 50
Céline c.-v. 2 a. 40
L'Hôtel des 4 nations, c.-v. 40
Les Pilules du Diable, 3 a. 20 t. 50
Les 2 Brigadiers, vaud. 2 a. 40
Le Roi d'Yvetot, op.-com. 3 a. 50
L'auberge de la Madone, d. 5 a. 50
Les Chanteurs ambulants, 3 a. 50
Séducteur et Mari, d. en 3 a. 50
Les ressources de Jonathas, 1 a. 40
Davis ou le bonheur d'être fou. 50
Une Aventure Suédoise, dr. 40
Halifax, c. 4 a. avec prol. 50
La Belle-Amélie, c.-v. 1 a. 40
Le prince Eugène, 3 a. 14 t. 50
Le baron de Lafleur, c. 3 a. env. 50
Vision du Tasse, 1 a. en v. 30
Madeleine, dr. en 5 a. 50
Mlle de Bois-Robert, c.-v. 2 a. 50
L'Extase, c.-v. 3 a. 50
Le Menuet de la Reine, 2 a. 50
Mlle de la Faille, d. 5 a. 8 t 50
Les Mille et Une Nuits, 4 a. 50
L'Enlèvement de Déjanire, v. 40
Redgauntlet, d. 3 a. avec pr. 50
Les soupers de carnaval, v. 1 a. 40
La chanson de l'aveugle, f. 1 a. 40
Le succès, c. en 2 actes. 50
Le palais-royal et la bastille 4 50

GALERIE DES ARTISTES DRAMATIQUES,

Contenant 80 portraits en pied des principaux Artistes de Paris, dessinés d'après nature par ALEXANDRE LACAUCHIE, accompagnés d'autant de notices biographiques et littéraires.

PRIX DES DEUX VOLUMES BROCHÉS : 40 FR. — *Ouvrage entièrement terminé.*

TOME PREMIER.

Acteurs.	Auteurs.
1re. Mlle Rachel.............	J. Janin.
2e. M. Perrot.............	E. Briffault.
3e. M. Deburau.............	E. Briffault.
4e. M. Mélingue.............	J. Bouchardy.
5e. Mlle Fanny Elssler.........	E. Briffault.
6e. Mlle Plessy.............	H. Rolle.
7e. M. Duprez.............	E. Briffault.
8e. Mme Mélingue (Théodorine).	J. Bouchardy.
9e. M. Achard.............	E. Guinot.
10e. Mlle Doze.............	E. Briffault.
11e. M. Odry.............	J. T. Merle.
12e. Mlle Fargueil.............	H. Lucas.
13e. M. Francisque aîné.........	J. Bouchardy.
14e. M. Lepeintre jeune.........	H. Rolle.
15e. Mlle Taglioni.............	J. T. Merle.
16e. Mlle Dupont.............	É. Arago.
17e. M. Boutin.............	L. Couailhac.
18e. M. Levasseur.............	G. Bénédit.
19e. Mlle Flore.............	Du Mersan.
20e. Mlle Georges.............	H. Lucas.
21e. M. Joanny.............	H. Lucas.
22e. M. Albert.............	L. Couailhac.
23e. Mlle Jenny Vertpré.........	H. Lucas.
24e. M. Monrose.............	J. T. Merle.
25e. M. Bocage.............	M. Mallefille.
26e. Mlle Pauline Leroux.........	É. Arago.
27e. M. Firmin.............	H. Lucas.
28e. M. Rubini.............	J. Chaudes-Aigues.
29e. M. Saint-Ernest.............	J. Bouchardy.
30e. Mlle Mars.............	E. Briffault.
31e. Mlle Persiani.............	J. Chaudes-Aigues.
32e. M. Menjaud.............	H. Lucas.
33e. Mlle Prévost.............	L. Couailhac.
34e. Mlle Eugénie Sauvage.........	J. T. Merle.
35e. Mme Damoreau.............	C. Bénédit.
36e. M. Lafont.............	J. T. Merle.
37e. M. Bardou.............	H. Lucos.
38e. Beauvallet.............	A. Arnould.
39e. M. Alcide-Tousez.........	J. T. Merle.
40e. Mme Volnys.............	H. Rolle.

TOME SECOND.

Acteurs	Auteurs.
41e. M. Ferville.............	J. T. Merle.
42e. M. Volnys.............	H. Rolle.
43e. Mme Guillemin.............	M. Aycard.
44e. Mme Gauthier.............	A. Arnould.
45e. M. Lablache.............	Couailhac.
46e. M. Arnal.............	Eugène Briffaut.
47e. Mlle Giulia Grisi.............	Couailhac.
48e. M. Tamburini.............	Chaudes-Aigues.
49e. Mlle Clarisse.............	E. Lemoine.
50e. M. Klein.............	Marie Aycard.
51e. M. Chilly.............	A. Arnould.
52e. Mme Stolz.............	H. Lucas.
53e. M. Moëssard.............	A. Arnould.
54e. Mme Anna Thillon.........	H. Rolle.
55e. M. Brunet.............	Du Mersan.
56e. Mme Albert.............	H. Lucas.
57e. M. Provost.............	E. Arago.
58e. Mlle Brohan.............	J. T. Merle.
59e. M. Chollet.............	Couailhac.
60e. M. Roger.............	Couailhac.
61e. Mlle Anaïs.............	J. T. Merle.
62e. M. Vernet.............	H. Rolle.
63e. Mlle Carlotta Grisi.........	Th. Gauthier.
64e. Mme Desmousseaux.........	Couailhac.
65e. M. Mario.............	P. A. Fiorentino.
66e. Mme Dorval.............	H. Rolle.
67e. Mme Dorus Gras.............	E. Arago.
68e. M. Regnier.............	Aug. Arnould.
69e. Mlle Mante.............	E. Arago.
70e. Mlle Julienne.............	H. Rolle.
71e. M. Lepeintre aîné.........	E. Arago.
72e. Mlle Déjazet.............	E. Guinot.
73e. M. Numa.............	H. Rolle.
74e. M. Samson.............	A. Arnould.
75e. M. Sainville.............	L. Couailhac.
76e. M. Ligier.............	H. Rolle.
77e. Mme Jenny Colon Leplus...	E. Arago.
78e. M. Raucourt.............	Bouchardy.
79e. M. Bouffé.............	E. Briffault.
80e. M. Frédéric Lemaître......	Adolphe Dumas.

ŒUVRES DRAMATIQUES DE SCHILLER,

TRADUCTION DE M. DE BARANTE, Pair de France, Membre de l'Académie française.

PRÉCÉDÉES D'UNE NOTICE BIOGRAPHIQUE ET LITTÉRAIRE SUR SCHILLER.

Un superbe vol in-8° à deux colonnes, illustrée de 24 vignettes sur acier. Prix : 12 francs.

GALERIE DES FEMMES

DE WALTER SCOTT,

Charmant Keepsake pour 1843,

Contenant 40 portraits sur acier, gravés à Londres avec texte français.

Prix : broché 10 francs, reliure dorée sur tranches 12 francs.

EN VENTE : le 33e *Volume du* **MAGASIN THÉATRAL.** *Prix : 6 fr.*

THÉORIE DE L'ART DU COMÉDIEN, par ARISTIPPE. Un gros volume in-8°. Prix : 3 fr.

LA MAIN DROITE ET LA MAIN GAUCHE, drame en cinq actes........... 1 fr.

www.ingramcontent.com/pod-product-compliance
Lightning Source LLC
LaVergne TN
LVHW010408240826
846091LV00020B/2835